Molly

COLIN BUTCHER

Molly

A incrível história da cachorrinha
rebelde que se torna a melhor
detetive de animais desaparecidos

TRADUÇÃO:
LÍGIA AZEVEDO

© MOLLY AND ME BY COLIN BUTCHER.
THE MORAL RIGHTS OF THE AUTHOR HAVE BEEN ASSERTED.

COPYRIGHT © FARO EDITORIAL, 2019

Todos os direitos reservados.
Nenhuma parte deste livro pode ser reproduzida sob quaisquer meios existentes sem autorização por escrito do editor.

Diretor editorial **PEDRO ALMEIDA**
Coordenação editorial **CARLA SACRATO**
Preparação **TUCA FARIA**
Revisão **BARBARA PARENTE**
Projeto gráfico **OSMANE GARCIA FILHO**
Foto de capa **RACHEL OATES**
Ícones internos **STUDIOGSTOCK E FREEPIK**

Dados Internacionais de Catalogação na Publicação (CIP)
Angélica Ilacqua CRB-8/7057

Butcher, Colin
   Molly : A incrível história da cachorrinha rebelde que se torna a melhor detetive de animais desaparecidos / Colin Butcher ; tradução de Lígia Azevedo. — São Paulo : Faro Editorial, 2019.
224 p.

   ISBN 978-85-9581-093-8
   Título original: : Molly and me

   1. Cães 2. Relação homem-animal 3. Cães — Detetives 4. Animais — Roubo I. Título II. Azevedo, Lígia

19-0493   CDD 636.7

Índice para catálogo sistemático:
1. Cães detetives   636.7

1ª edição brasileira: 2019
Direitos de edição em língua portuguesa, para o Brasil, adquiridos por **FARO EDITORIAL**

Avenida Andrômeda, 885 - Sala 310
Alphaville — Barueri — SP — Brasil
CEP: 06473-073
www.faroeditorial.com.br

Para David

Eles são conhecidos como sabujos. Esses cães são tão maravilhosamente inteligentes que procuram ladrões e os seguem apenas pelo cheiro dos bens roubados.

– The History and Croniklis of Scotland (1536),
John Bellenden, tradutor escocês de
Historia Gentis Scotorum, de Hector Boece

Sumário

1. O primeiro teste de Molly   11
2. De detetive particular a detetive de animais   24
3. O catalisador da mudança   32
4. Um projeto pioneiro   44
5. Um resgate excepcional   58
6. Prática e treino   73
7. Phillip, Holly e a travessa Molly   88
8. Recuperando Buffy   105
9. O campo florido   120
10. A cachorra e a víbora   133
11. O gato e o barco   148
12. Um pesadelo em Notting Hill   160
13. Um gato perdido e um vizinho rabugento   173
14. Molly e os gatos expatriados   188
15. O gato fujão   203

Epílogo   219

Agradecimentos   221

O primeiro teste de Molly

Sam, minha assistente, sentou-se à sua mesa, ligou o computador e, no momento em que tomou o primeiro gole de café, o telefone tocou. Eram nove da manhã de 3 de fevereiro de 2017, uma sexta-feira. Eu estava na rua, em frente à entrada da Bramble Hill Farm, me preparando para sair com Molly ao sol matinal. Minha cocker spaniel acordara particularmente animada — tanto que derrubara o vaso favorito da minha namorada, Sarah, ao passar pelo corredor —, e precisava gastar um pouco do excesso de energia.

Sam atendeu à ligação:

— Detetives de Animais do Reino Unido. Como podemos ajudar?

— Espero que possam mesmo — respondeu uma voz masculina melancólica. — Nossa gata, Rusty, desapareceu. Procuramos por toda parte, mas nem sinal dela. Como não sabemos mais o que fazer, achamos melhor ligar pra vocês.

Tim era um designer gráfico que morava em St. Albans, Hertfordshire, com a namorada, Jasmine, uma fisioterapeuta. Eles vinham economizando para dar a entrada em uma casa de dois quartos, mas, por ora, moravam em um apartamento alugado no primeiro andar de um prédio baixo em uma tranquila rua sem saída. O casal amava gatos e adotou em um abrigo a vira-lata branca, preta e marrom com olhos amendoados e cauda longa e fofa. Como o apartamento era bem pequeno, Tim e Jasmine com frequência deixavam a gata do lado de fora. Ela passeava pela rua, descansava nas entradas para carros e ficava sentada nos degraus, sem ir muito longe ou voltar muito tarde.

Na sexta-feira anterior, no entanto, Rusty não apareceu e seus donos, aflitos, saíram à sua procura.

— Ela não é assim — Tim disse a Sam. — Passamos a semana inteira vasculhando ruas e jardins. Até imprimimos folhetos e cartazes. Mas Rusty não está em lugar nenhum. Estamos completamente perdidos.

— Sinto muito. — Como Sam também tinha um gato, sabia o que eles estavam sentindo. — Pode deixar comigo. Vou falar com o meu chefe e volto a ligar.

Ela foi imediatamente até a janela e gritou para mim:

— COLIN!

Molly e eu paramos em nosso caminho para o gramado e nos viramos para Sam.

— Dá uma passada aqui depois. Acho que posso ter encontrado o primeiro trabalho de verdade da Molly...

Meia hora depois, sentado no escritório, eu discutia o desaparecimento de Rusty com Sam enquanto Molly tirava uma soneca. Senti o coração acelerar ouvindo minha colega narrar sua conversa com Tim e destacar as circunstâncias do desaparecimento. Para que nossa primeira busca fosse um sucesso, as condições teriam que ser favoráveis, o que parecia ser o caso. Primeiro, como Rusty era o único animal da casa, conseguiríamos obter uma boa amostra de pelo, o que daria a Molly grandes chances de isolar o cheiro. Segundo, fazia menos de uma semana que Rusty sumira, o que aumentava a probabilidade de encontrá-la viva. O fato de que o clima estava excepcionalmente calmo e estável para o começo de fevereiro também trabalhava a nosso favor. Qualquer vento forte demais ou precipitação (chuva, neve ou névoa, por exemplo) diluiriam o cheiro do gato e interfeririam no nariz ultrassensível de Molly.

Por sorte, como um egresso das Forças Armadas, eu entendia de questões meteorológicas e geográficas. Antes da minha longa carreira na polícia, eu servira uma década na Marinha Real, o que despertara um grande interesse por tempo, clima e navegação costeira. Eu estudara todos esses assuntos e expandira o meu conhecimento científico sobre massas de ar, sistemas frontais e cartografia, me tornando quase um especialista. Mal sabia o quão útil ele seria no mundo da investigação de animais.

Em dezembro de 2016, Molly completou um treinamento intensivo em reconhecimento de cheiros em uma instituição chamada Medical Detection Dogs (MDD). Desde então, treinamos em inúmeras situações hipotéticas no meu quartel-general, aprimorando nossas habilidades e nos preparando para a nossa primeira busca real por um gato perdido. Sentia-me confiante de que Molly e eu tínhamos chegado ao nível exigido de competência, mas foi só quando mandei algumas gravações de nossos treinamentos para os especialistas da MDD que finalmente recebemos sinal verde.

— Pelo que vimos, achamos que os dois estão prontos para sua primeira busca real — eles disseram, o que me deixou arrepiado. — A interação e o trabalho de equipe de vocês são excelentes. Vocês estão prontos.

Agora, depois da conversa telefônica de Sam, eu finalmente encarava a perspectiva de realizar uma busca real com Molly ao meu lado. Senti uma mistura de animação e receio. Tinha gastado muito tempo e energia desenvolvendo minha ideia inovadora de cães farejando gatos — fazia cinco anos que trabalhava nisso. Depois de, enfim, ter encontrado a parceira perfeita, eu queria provar que estava certo, o que faria todo o trabalho valer a pena.

— Pode ser a nossa chance — eu disse a Sam. — Esse será o primeiro teste de Molly.

— Ah, isso é tão empolgante! — Ela sorriu.

Naquela noite, passei mais ou menos uma hora ao telefone com Tim, obtendo o máximo de informações possível. Perguntei se algum gatilho poderia ter levado Rusty a fugir (agitação na casa, por exemplo, ou um rival felino), mas Tim foi irredutível ao insistir que, até onde ele sabia, nada havia mudado.

— A senhora que mora no apartamento em frente morreu na semana passada, o que foi triste — ele afirmou. — Mas, fora isso, as coisas andam bem paradas por aqui.

Ninguém vira Rusty em toda a vizinhança, mas naquela manhã Tim recebera ligações de duas testemunhas separadas em um vilarejo a alguns quilômetros de distância dizendo ter visto em seu jardim um gato que correspondia à descrição de Rusty.

— Duvido que seja ela, porque Rusty nunca foi tão longe — disse Tim. — Mas gostaríamos que você investigasse, se não tiver problema.

— Fico muito feliz em ajudar — respondi, antes de mencionar casualmente que seria acompanhado por uma colega canina: — Minha cocker spaniel, Molly, vai comigo. Ela é boa com cheiros e não tem problema com gatos, então poderá ser útil. Tudo bem?

Eu estava minimizando as coisas de propósito, para não colocar nenhuma pressão sobre Molly ou sobre mim mesmo.

— Claro, tudo que puder ajudar é ótimo.

Fiquei acordado até tarde aquela noite, debruçado sobre mapas digitais, plantas e fotos. Era importante que eu me inteirasse sobre a área para que tivéssemos mais chances de localizar o gato perdido. Quando senti que estava pegando no sono, fechei o *laptop* e fui dar uma olhada em Molly, como fazia toda noite. Ela sentiu o meu olhar, levantou a cabeça e abriu um olho, sonolenta.

— Temos um grande dia pela frente — sussurrei. — Te vejo amanhã bem cedo.

Eu sei, pai, Molly pareceu dizer. *Então por que não me deixa dormir?*

Ela retribuiu o meu olhar por alguns segundos antes de se aninhar e continuar a dormir.

Saímos às cinco da manhã em ponto. A previsão meteorológica havia acertado — o dia nascera fresco e nublado, com uma leve brisa: as condições perfeitas para nossa busca, eu esperava. Sarah acordara cedo para se despedir de nós, muito consciente da magnitude das próximas horas, pois me vira investir naquele momento por um longo tempo, e sabia o quanto significava para mim.

— Espero que corra tudo bem. — Sarah sorriu, e eu estranhei um pouco o tapinha gentil e cuidadoso que ela deu na cabeça da cocker spaniel antes de desejar-lhe boa sorte. Minha namorada não era fã de cachorros e ainda não tinha se acostumado com a presença de Molly em casa... Aquilo era uma rara demonstração de afeto.

Molly retribuiu as palavras simpáticas com uma bela lambida na mão de Sarah. Sorri para mim mesmo, imaginando minha namorada correndo para lavar as mãos no momento em que voltasse para dentro.

Depois de duas horas de viagem de West Sussex para Hertfordshire, fui recebido por Tim e Jasmine do lado de fora do seu prédio moderno de quatro andares. Os dois eram jovens, loiros e pareciam atléticos — imaginei que tivessem uns vinte e cinco anos —, mas traziam no rosto uma expressão vidrada que eu conhecia muito bem. Como ocorrera com muitos dos meus clientes, seu precioso animal de estimação havia desaparecido, e eles estavam morrendo de preocupação.

Meu olhar se desviou para um cartaz enorme na janela da frente. POR FAVOR, ESTOU PERDIDA, declarava. PODE ME AJUDAR A ENCONTRAR MINHA CASA?

Atrás do texto impresso via-se uma foto da gatinha perdida. Rusty era uma gata bonita com uma cara amistosa. Tinha as pernas e o peito brancos, e as manchas pretas ao redor dos olhos formavam uma máscara, como a do Zorro.

— Eu adoraria que todos os meus clientes fizessem algo profissional assim — falei.

— Trabalhar como designer gráfico pode ser útil de vez em quando... — respondeu Tim, com um sorriso abatido.

— E Rusty é muito fotogênica — acrescentou Jasmine, melancólica.

Segui o casal para dentro, deixando Molly no carro (sempre no meu campo de visão) com seus brinquedos favoritos como companhia. Eu sabia que ela teria uma sobrecarga sensorial se entrasse em um apartamento desconhecido, e precisava mantê-la o mais calma possível. Mas não só isso: era fundamental que ela pudesse focar apenas no cheiro de Rusty, se eu tivesse a sorte de conseguir uma boa amostra.

Nós três discutimos um plano de ação. Jasmine precisava trabalhar aquela amanhã, então apenas Tim seguiria comigo e Molly na busca. Nossa primeira parada seria o vilarejo próximo, no qual duas pessoas haviam visto gatos parecidos com Rusty. Antes de irmos, no entanto, cautelosamente fiz um pedido:

— Sei que pode parecer meio esquisito, mas você se importa se eu pegar uma amostra de pelo de Rusty? Molly é uma farejadora treinada e ela pode achar alguma coisa.

Eu estava indo devagar, é claro, preparando o terreno. Precisava administrar as expectativas dele, para que não pensasse que usar um cão rastreador era garantia de que encontraríamos Rusty.

— Claro, fique à vontade. Rusty solta bastante pelo. A caminha dela deve estar cheia.

Peguei o meu pote de vidro esterilizado e guardei nele um punhado de pelos brancos, mais do que o bastante para que o impressionante nariz de Molly pudesse começar a trabalhar.

Broomfield era composta por um punhado de pequenas casas cercadas por uma extensa floresta. Paramos no estacionamento de um pub, onde coloquei a coleira especial na Molly e fechei o zíper do meu casaco da empresa. Vínhamos trabalhando na transição para o modo "trabalho" na Bramble Hill Farm, e vestir nossos "uniformes" era uma parte vital da rotina. Por estar muito animado, me esforçava para manter uma postura profissional, mas Molly sentiu o meu nervosismo e começou a choramingar e andar em círculos.

Tim e eu observávamos a área quando um vento forte chegou e bagunçou os nossos cabelos. *Isso não estava previsto*, pensei. Olhei para o horizonte e vi os sinais de uma frente quente vindo em nossa direção, o que significava vento estável pelo resto do dia, seguido de chuva. Fiz um cálculo rápido da velocidade do vento e estimei que tínhamos cerca de seis horas antes que a chuva chegasse.

— Precisamos começar logo, Tim — afirmei, consultando o relógio.

— Tudo bem, Colin, vamos lá.

Tim e eu logo identificamos os dois jardins, que ficavam em lados opostos da rua, em que Rusty talvez tivesse sido vista. Felizmente, ambos os proprietários nos deram livre acesso. Respirei fundo e, com o coração acelerado, peguei as amostras de pelo de Rusty para mostrar a Molly pela primeira vez. Tim arregalou os olhos, surpreso e fascinado, enquanto eu abria o vidro, que ofereci para que Molly cheirasse com o comando de "Toma" — em espanhol — como sempre. A palavra fora cuidadosamente selecionada pelos treinadores, já que ela nunca a tinha ouvido em casa, onde falávamos inglês, ou em qualquer outro contexto.

Molly sentiu o cheiro e esperou que eu desse a ordem para que iniciasse sua busca. Então, entrou no primeiro jardim, balançando o rabo furiosamente.

— Nossa... — Tim, aos poucos, ia se dando conta de que Molly não era um cão comum. — Ela foi treinada para fazer isso?

— Foi. — Sorri. — Mas, Tim, você tem que saber que essa é a primeira busca de verdade da Molly. Seria injusto com você, e com ela, prometer alguma coisa, mas garanto que a Molly se esforçará ao máximo para encontrar Rusty.

Após procurar, sem sucesso, pelo odor em toda parte, fez contato visual comigo para indicar que tinha acabado de varrer a área.

Nada de gato aqui, pai... Vamos embora... foi como decifrei a sua linguagem corporal.

O mesmo aconteceu no segundo gramado. Molly não conseguiu localizar nenhum rastro. Eu tinha tanta fé em sua habilidade, que só podia concluir que Rusty jamais passara por ali. No entanto, assim que disse "Vem, Molly", notei um gato preto, branco e marrom atravessando o gramado. Apertei os olhos para vê-lo melhor enquanto se aproximava.

Ah, meu Deus, pensei. *É Rusty quem está vindo na minha direção? Será que Molly não está num bom dia?*

— É ELA! — gritou da janela da cozinha o proprietário. — Essa é a gata que eu vi!

Tim teve um sobressalto, mas sua reação ao ver o animal foi muito clara. Molly, por sua vez, permaneceu imóvel, o que me dizia tudo o que eu precisava saber.

— Não é ela. — Triste, Tim balançou a cabeça. — É a mesma cor, mas as marcas são diferentes. Rusty tem o nariz meio rosa, meio preto. Eu a reconheceria em qualquer lugar.

Desanimados depois da identificação equivocada, fomos tomar um café no pub enquanto Molly bebia água de um pote fazendo um barulhão. Ela precisava fazer muitas pausas e estar hidratada durante a busca, e eu tomava cuidado para que não ficasse sobrecarregada e tivesse fadiga olfativa (também conhecida como "cegueira nasal"), o que faria com que ela perdesse a capacidade de isolar um cheiro em particular.

Tim aproveitou a oportunidade para atualizar a namorada. *"Nada ainda. Mando notícias. Bjs"* escreveu.

Para conseguir mais pistas sobre o desaparecimento de Rusty, perguntei a Tim sobre sua vizinhança. Como o assunto da senhora que havia morrido foi mencionado de novo, pedi mais informações. De acordo com Tim, ela morrera de causas naturais, e seu corpo fora levado por uma ambulância poucas horas depois. Fiquei curioso.

— Você lembra em que dia ela morreu, Tim?

— Hum, preciso pensar... — Ele contou nos dedos. — Sexta. Isso, deve ter sido na sexta.

— Foi nesse dia que Rusty sumiu?

— Isso... Creio que foi, sim. Sei o que está pensando, Colin, mas Rusty morre de medo de carros, porque sempre acha que vai ser levada ao veterinário.

— Mas ambulâncias não são carros comuns. — Como policial, eu lidara com muitas mortes repentinas e tinha visto dezenas de veículos diferentes, mas a maioria das vans eram grandes e tinham janelas tapadas e rampas de acesso, o que fez com que meus instintos investigativos entrassem em ação. — Você pode me dar alguns minutos, Tim? Preciso fazer umas ligações.

— Claro. Vou fumar um cigarro lá fora. Tinha parado no ano passado, mas tive uma recaída depois que Rusty sumiu.

Liguei para o médico da vizinha falecida. Ele me informou que, como a mulher tinha mais de noventa anos, sua morte fora considerada "esperada", o que dispensou qualquer envolvimento da polícia para liberar o corpo, que foi transportado em uma ambulância pública para o velório em Stonebridge — a cerca de um quilômetro e meio da casa do meu cliente. De acordo com os funcionários de lá, o veículo — uma grande van azul-escura — ficara estacionado do lado de fora pelo restante do dia. Lentamente, o quebra-cabeça começava a ser resolvido.

Fui até o estacionamento (seguido por uma Molly revigorada) e encontrei Tim apoiado na capota do carro, jogando no lixo a bituca de cigarro apagada.

— Então — eu disse —, acho que pode ter sido um caso de deslocamento acidental.

Contei a ele que havia uma possibilidade muito real de Rusty ter entrado na ambulância quando ela estava estacionada diante do prédio — talvez pela rampa —, e assim ter sido levada embora. Sem dúvida, a linha do tempo fazia sentido e explicaria o motivo de seu desaparecimento repentino.

— Próxima parada, Stonebridge. — E sinalizei para que Tim voltasse ao carro.

A recepcionista do velório confirmou a rota da ambulância, mas disse que nenhum gato foi encontrado dentro dela. A mulher admitiu, no entanto, que a porta traseira do veículo provavelmente fora aberta e fechada inúmeras vezes pelos funcionários.

— Sinto muito por não poder ajudar mais — ela disse —, mas o senhor pode falar com as atendentes dos Correios ao lado. Elas sempre sabem de tudo e falam pelos cotovelos.

Ela não tinha exagerado. As funcionárias atrás do balcão adoraram Molly — e o homem alto e bonitão que perdera a pobre gata. Depois de ouvir nossa história, elas concordaram em colocar um dos cartazes de Tim no quadro de avisos. Enquanto eu o afixava com tachinhas, um senhor entrou, deu uma olhada na foto de Rusty e suspirou.

— Essa gata estava na nossa cerca hoje de manhã. Tenho certeza — ele declarou. — Um animal lindo, com o rabo bem fofo. Lembro que minha esposa disse que nunca a vira antes. Ah, e ela tinha esse nariz diferente...

Tim pegou no meu braço, agitado. Talvez minha teoria da ambulância estivesse certa.

— Poderia nos levar até seu jardim agora? — perguntei.

— Vou só pegar minha pensão primeiro, meu amigo. — Ele esboçou um sorriso. — Então vocês poderão me seguir.

Dez minutos depois, eu estava agachado do lado de fora da casa de tijolos vermelhos do sr. Renshaw, pegando o vidro e repetindo a rotina. Com o cheiro de Rusty em suas narinas, Molly saiu correndo para o jardim dos fundos e, em segundos, fez o "Deita" no centro do gramado. Era o sinal de que havia encontrado algo, uma resposta rápida para que me alertasse sem assustar nenhum gato. A manobra envolvia deitar e se manter imóvel e em silêncio, com as pernas dianteiras esticadas e as traseiras encolhidas debaixo do corpo, com a cabeça levantada e os olhos atentos. Seu corpo tremia de animação com a "vitória" e de expectativa por uma recompensa. O meu coração disparou. Tínhamos treinado muitas vezes, mas ela nunca o fizera diante de um cliente de verdade.

— O que isso significa? — Tim sussurrou para mim ao observar Molly.

— Ela está sinalizando que localizou uma alta concentração do cheiro de Rusty, o que quer dizer que sua gata passou por aqui recentemente. Só precisamos descobrir onde ela está agora.

Enquanto Tim, animado, mandava uma mensagem para Jasmine, recompensei Molly por fazer seu trabalho. Ela detectara o cheiro, no fim das contas, mesmo que a gata não estivesse mais ali. Seu biscoitinho favorito foi devorado em uma fração de segundo.

Usando os meus conhecimentos meteorológicos, tentei entender por que Molly se deitara no meio do jardim e por que o cheiro se acumulara naquele ponto específico. Fui até lá e me virei contra o vento. A brisa vinha do outro lado da cerca, o que devia ter jogado o ar para cima, fazendo com que invadisse o gramado como uma onda, carregando o cheiro até onde Molly indicara.

Boa garota, pensei. *Molly acertou em cheio.*

Com Rusty muito provavelmente na área, era fundamental investir toda a minha fé em Molly e empregar uma abordagem estratégica e metódica. Antes de tudo, precisávamos reduzir a área de busca. Havia cerca de trinta casas do lado da rua em que ficava a casa do sr. Renshaw. Tínhamos que selecionar as propriedades mais promissoras, já que metade do dia fora desperdiçado no vilarejo errado. Por isso, decidi andar com Molly pelo caminho que dividia os jardins das residências. Conforme fomos passando, percebi que Molly estava totalmente focada, às vezes dando voltas de cento e oitenta graus. Senti a adrenalina tomar conta de mim, já que aquilo geralmente indicava que Molly achara algo significativo.

— Tim, poderia me fazer um favor e bater na porta das casas? — pedi. — Molly está desesperada para entrar nos jardins, e precisamos pedir permissão.

Na primeira casa — de número 36 — moravam duas irmãs octogenárias que, apesar de um pouco perplexas com o tumulto, não se incomodaram em deixar que fizéssemos uma busca em seu terreno.

As pobres senhoras podem se arrepender, imaginei, enquanto Molly disparava para o portão dos fundos como uma flecha e avançava sobre o jardim mais impecável que eu já tinha visto.

— Meu Deus, parece uma exposição de flores — sussurrou Tim.

— Não vai mais parecer quando Molly tiver terminado — retruquei.

Totalmente concentrada, Molly passou por fontes ornamentais para pássaros e vasos e revirou o gramado bem cuidado, depois subiu em uma pedra. Sua cauda agitada batia nas flores finas como papel.

— Sinto muito por isso — eu disse às irmãs. — Posso colocar a coleira nela se preferirem.

— De jeito nenhum! — uma das duas respondeu. — Isso é *fascinante…*

Molly parou de repente e deu outra volta antes de se dirigir à cerca recém-pintada e raspar as patas na madeira verde-escura. Sua intensidade aumentava, e eu precisava saber o motivo.

O que está tentando me dizer, Molls?, pensei, me achando o Sherlock Holmes falando com o Watson.

Quero ir pra casa ao lado, quero ir pra casa ao lado, ela parecia dizer. Ela me olhava pedindo permissão. *Me deixa ir pra casa ao lado.*

Fica aqui comigo, Molly, transmiti em pensamento.

Por cima da cerca, vi uma mulher de meia-idade e um adolescente — mãe e filho, supus — que estavam no pátio e olhavam em nossa direção, claramente espantados com o barulho e a agitação vindos da residência ao lado. Notei que o jardim deles não era tão arrumado quanto o das irmãs, apesar do gazebo impressionante e do amplo deque.

— Podemos entrar, por favor? — gritei, dando um resumo dos fatos, e indo para o portão da frente seguido por Molly e Tim.

Um pequeno grupo de pessoas, incluindo uma das funcionárias dos Correios, se reunira na calçada. A notícia do cachorro que encontrava gatos desaparecidos havia se espalhado.

Fiz sinal para que Molly fosse em frente. Muito concentrada, ela entrou no jardim do número 38, correu para o deque e se virou para mim. Com os olhos fixos nos meus, fez o "Deita" mais enfático que eu já tinha visto.

— Ah, meu Deus, ela está fazendo aquilo de novo — sussurrou Tim, com a voz trêmula. — Encontrou Rusty?

— Espera um segundo... — pedi antes de me deslocar na direção do gazebo e espiar pela porta de vidro entreaberta.

Sentado num canto escuro, em cima de uma almofada azul, estava um gato. Um gato branco, preto e marrom. De olhos amendoados e cauda fofa. E nariz rosa e preto.

— RUSTY! — gritou Tim, incapaz de controlar as emoções. — Minha gata! Molly a encontrou!

— Uma *gata*? Não acredito! — comentou o filho adolescente, que não fazia ideia de que tinham um hóspede.

— É o que acontece quando seu pai não fecha a porta direito — disse a mãe. — Coitadinha.

Em segundos, no entanto, o pior aconteceu. Talvez por causa dos gritos de seu dono, Rusty saiu correndo pela entrada de carros e atravessou inúmeros jardins. Tim correu atrás dela, pulando as cercas vivas como um atleta, e, finalmente, conseguiu pegá-la em um arbusto. Corri até lá, com Molly à frente, e o encontrei de pé na calçada, com a gata nos braços e lágrimas de alegria escorrendo pelas bochechas.

— Não sei o que dizer — ele começou. — Não consigo acreditar que vocês a encontraram. Obrigado, Colin. Obrigado, Molly. Muito, muito obrigado!

Os vizinhos reunidos começaram a aplaudir.

— Foi a coisa mais empolgante que aconteceu por aqui em anos — alguém disse, rindo.

— Melhor que *Missão impossível* — alguém acrescentou.

As irmãs do número 36 foram bondosas e permitiram que Tim levasse Rusty para dentro da casa delas, onde a gata tomou água e devorou a comida doada por um vizinho. Sentado à mesa da cozinha, Tim deu a boa notícia a Jasmine (que se desmanchou em lágrimas), e a pôs a par dos eventos do dia.

Depois que ele desligou, eu me levantei, me despedi e me dirigi ao campo verde atrás dos jardins dos fundos. O céu estava escuro, havia nuvens pesadas ao nosso redor, mas, para mim, era um lindo dia de verão.

Enquanto eu absorvia tudo, os meus olhos começaram a embaçar. Quatro anos antes, eu me propusera a encontrar e treinar um cachorro que pudesse rastrear gatos, imaginando que aquilo levaria uns seis meses. Por centenas de horas, pesquisei sobre cognição canina e viajei milhares de quilômetros para encontrar os maiores especialistas e superar muita resistência e hostilidade contra a minha ideia, porque muita gente me disse que não ia dar certo e que eu era tolo e iludido.

Naquele momento, no entanto, eu finalmente provava que estava certo. Usando técnicas de rastreamento, Molly e eu solucionamos o caso e retornamos um animal ao seu dono. Eu tinha adotado um papel analítico e estratégico, baseado na minha experiência como investigador para avaliar probabilidades e possibilidades. A minha parceira, Molly, se mostrou o meu par perfeito — cheia de energia, determinada e abençoada com um talento natural impressionante. Como uma equipe, fizemos nosso trabalho de maneira eficiente e muito profissional.

Ajoelhei-me e acariciei gentilmente a cara de Molly, porque sabia o quanto ela gostava de estabelecer um vínculo comigo através do toque.

— Acredita nisso, Molly? — Sorri enquanto ela lambia delicadamente minha palma. — Encontramos nosso primeiro gato perdido!

Dando uma olhada rápida por cima do ombro para me certificar de que estávamos sozinhos, dei um pulo e gritei de felicidade o mais alto que consegui. Molly levou um susto, mas logo começou a pular e a latir em resposta. Ficamos correndo pelo campo como loucos, totalmente indiferentes à chuva pesada que começara a cair.

De detetive particular a detetive de animais

Quando criei minha própria agência de investigação, no outono de 2003, o tradicional papel de detetive havia mudado completamente. Os avanços tecnológicos eliminaram os homens misteriosos, que vestiam seus sobretudos impermeáveis para observar esquinas ou espionar pessoas pelos buraquinhos que tinham feito no jornal. Eles foram substituídos por profissionais como eu, que eram facilmente encontrados examinando vídeos de veículos de vigilância ou rastreando alguém na internet. Meu trabalho nunca me entediava. Uma semana eu conduzia uma investigação interna em uma empresa mundialmente famosa, na outra recuperava centenas de milhares de libras de uma transação fraudulenta. Meus serviços eram tão requisitados que tive que contratar um assistente, um eslovaco esperto e experiente chamado Stefan, que tomava conta da parte de vigilância técnica enquanto eu me concentrava em estratégia e em atualizar os clientes sobre o andamento da investigação.

Muitos dos meus clientes mais ricos tinham animais valiosos — pássaros exóticos, cães de caça ou puros-sangues. Sempre que um deles desaparecia ou havia conflitos sobre a quem pertenciam, minha ajuda e assistência eram requisitadas.

Na polícia, eu tinha investigado alguns crimes relacionados a animais, especialmente um caso de envenenamento de gado e o furto de filhotes de raça de um canil. No fim da década de 2000, houve um aumento nos casos relacionados a animais de estimação, e Stefan e eu nos pegamos dedicando mais tempo a investigações relacionadas a roubos premeditados, disputas de propriedade e transações desonestas.

Uma vez estabelecidos como a principal agência de crimes envolvendo animais, decidi criar uma empresa e uma marca distintas para tocar em paralelo ao trabalho comum de investigação. Assim, em 3 de outubro de 2005, uma segunda-feira, nasceu a UK Pet Detectives (UKPD).

Minha primeira tarefa foi recrutar um novo membro para reforçar a equipe, porque Stefan era excelente em vigilância, mas não gostava muito de animais.

"Procuro gerente para novo projeto de investigação de animais em Cranleigh", dizia o pequeno anúncio que coloquei no jornal local. Em uma semana, recebi quase cem currículos, dos quais selecionei seis candidatos altamente qualificados. Ao entrevistar Sam, a última da lista, soube que era a pessoa certa para o cargo. Ela respondeu a todas as minhas perguntas com confiança e me pareceu muito inteligente, sagaz e capacitada. Sam gerenciara uma filial da Sociedade Real de Prevenção da Crueldade contra Animais (RSPCA, na sigla em inglês) por uma década, sabia muito sobre comportamento animal e bem-estar de bichos de estimação, além de ser muito boa em gerenciamento de pessoas. Sua simpatia e tranquilidade eram exatamente o que eu procurava, e fiquei muito feliz quando ela aceitou minha oferta.

Montamos nosso quartel-general na Bramble Hill Farm, em West Sussex. A linda fazenda de quinhentos acres, que contava com um campo de tiro e um estábulo, pertencia a James, um velho amigo meu, que criara centenas de vacas e ovelhas ali. O surto altamente contagioso de EEB, mais conhecida como "doença da vaca louca", o forçara a diminuir o rebanho, a arrendar grande parte de suas terras e a alugar muitas de suas dependências. Quando ele me ofereceu um espaçoso celeiro reformado, agarrei a oportunidade.

— Olha só, Colin — ele falou, dividindo comigo uma garrafa de sidra caseira na cozinha da fazenda —, você pode ficar com o celeiro sem pagar se cuidar da segurança da propriedade. Fechado?

— Claro — respondi, sem hesitar.

Como a Bramble Hill Farm era um reduto de vida selvagem, James nos disse que provavelmente veríamos raposas, coelhos e cervos passando pelo escritório. A propriedade era um paraíso para pescadores e observadores de pássaros: seus rios eram cheios de trutas, percas e lagostins, e o céu era palco para uma multidão de aves.

Além da paisagem idílica, nosso QG tinha muitas vantagens práticas e logísticas. A proximidade do estábulo — com fechaduras resistentes e circuito fechado de televisão — significava que a UKPD podia ser um refúgio temporário ou emergencial para animais. Certamente precisaríamos cuidar, por alguns dias, de cachorros ou cavalos recuperados, e a fazenda oferecia a segurança, o abrigo e a privacidade necessários. Nossa localização, entre Surrey, Hampshire e West Sussex, não poderia ser mais conveniente. Estávamos perto de muitas cidades, vilas e aldeias do sudeste (muitas das quais tinham grande população de animais de estimação), e ficávamos a uma hora de distância de carro de Londres, onde muitos dos meus clientes viviam e trabalhavam.

Quando nos instalamos no novo escritório, a primeira tarefa importante era descobrir como dividir o meu tempo entre os dois negócios. Depois de conversar com Sam e Stefan, decidimos que deixaríamos de oferecer alguns dos nossos serviços de investigação particular e que eu cuidaria dos casos relacionados a animais, dividindo o meu tempo igualmente entre os dois negócios.

Sam e eu nos dedicamos à UKPD, concentrando nossa atenção em quatro áreas distintas: roubo de cachorros, gatos perdidos ou desaparecidos, crimes relacionados a cavalos e falsos centros de resgate e instituições de caridade. Os últimos, infelizmente, vinham se tornando cada vez mais comuns na internet, pois eram uma forma de roubar dinheiro de doadores de bom coração. Sam ajudou a UKPD a se expandir com uma velocidade incrível. Em nove meses, o número de ligações relacionadas a animais de estimação triplicou. Nos primeiros cinco anos, recuperamos inúmeros cachorros perdidos, como Baxter, um springer spaniel que se separara do dono em uma floresta cerrada e fora roubado por um motociclista de passagem, e Bertie, um jack russell terrier furtado de um canil e um dos casos que solucionamos mais rapidamente: como ele desaparecera depois de uma entrega feita por uma empresa de ração, Sam usou seu charme para obter o nome do motorista, e, em trinta minutos, encontrarmos Bertie em seu jardim.

Também trabalhamos em casos estranhos, como o de uma senhora de Birmingham que nos encontrara na internet.

— O meu papagaio foi roubado —lamentou, contando que recebera uma dica de que ele estaria em um endereço em Swindon, a mais de cento e vinte quilômetros de distância. — O que vocês precisam saber — explicou — é que Pongo fala, repete coisas. Eu o ensinei a dizer "Vai, Villa", porque sou fanática por futebol. Ele grita isso o dia todo, todo dia.

Ela queria era que a UKPD fosse até o endereço em questão e tentasse ouvir o grito, que era marca registrada de Pongo, para pegar os ladrões em flagrante.

— Verei o que podemos fazer — eu respondi, pensando em como falar sobre o caso maluco para Stefan.

Nosso guru tecnológico não ficou muito feliz em ter que ficar agachado do lado de fora da janela de um prédio por três horas, com um aparelho de monitoramento na mão, tentando captar o grito do papagaio. Pela cortina, ele conseguira ver um papagaio cinza no poleiro, mas ele não fez barulho algum, muito menos gritou "Vai, Villa", ou seja, provavelmente, se tratava de um engano.

A viagem de Stefan acabou sendo tempo perdido, pois, naquela mesma tarde, recebi uma ligação de um fazendeiro em Worcester. Depois de ver um dos nossos anúncios de PAPAGAIO PERDIDO, ele se dera conta de que "a pomba" que descansava sob o beiral do celeiro dele era algo muito mais exótico. O papagaio foi recuperado com extremo cuidado e devolvido à sua grata dona.

Quer estivesse lidando com uma píton encurralada ou com um poodle perdido, a UKPD pretendia tratar os clientes e as testemunhas com respeito e levar os casos a sério. Na verdade, preferíamos nos descrever como uma "agência de investigação particular especializada em animais desaparecidos ou roubados".

Mas nem todo o mundo nos levava a sério. O personagem caricato criado por Jim Carrey para *Ace Ventura: um detetive diferente*, de 1994, não ajudou em nada o meu negócio. Ainda assim, tinha esperança de que nossa abordagem e nossa colocação no mercado fizessem as pessoas superar seus preconceitos. No início, alguns tiveram dificuldade para levar a UKPD a sério, mas, conforme nossa reputação se espalhava e nossa credibilidade crescia, as referências burlescas a Ace Ventura foram desaparecendo.

Em 2012, a agência continuava a lidar com diversos incidentes envolvendo cães, mas eles ficavam cada vez mais perturbadores. Fomos contratados por uma celebridade, que temia que seu labrador preto tivesse sido roubado por um parente vingativo. A pessoa tinha razão. Quando contei as más notícias ao dono, ele desabou em uma cadeira inconsolável, em lágrimas, por saber que nunca veria aquele animal.

Também tivemos um caso muito perturbador envolvendo um springer spaniel roubado de Tewkesbury, que rastreamos até uma fazenda de filhotes no sul da Inglaterra. Durante a investigação, fiquei chocado ao descobrir que os cães eram mantidos em péssimas condições, quase sem comida, luz ou espaço para se mover. Como se isso não bastasse, muitas vezes ouvíamos latidos de dor e lamento, que cessavam com o som de um tiro. Saber que seres humanos podiam ser tão cruéis me deixou deprimido por dias.

Nossa segurança também foi comprometida. Nos tornamos alvo de alguns grandes negociantes de cachorros, que tinham um histórico de violência e intimidação, depois que a UKPD pegou um caso e repassou informações à polícia. Cheguei até a receber uma ligação de um número não identificado perguntando se eu tinha verificado os freios do meu carro recentemente.

Eu não aguentava mais. Não queria que um dos meus funcionários fosse ferido. Sentia que era hora de mudar de estratégia, então começamos a avaliar rigorosamente todos os casos de roubo de cachorros. Nós colaboraríamos com as autoridades, mas não agiríamos mais sozinhos. Isso deu a Stefan mais tempo para trabalhar com os casos não relacionados a animais e permitiu que Sam e eu mudássemos o foco de cachorros para gatos.

Embora a UKPD sempre tivesse sido muito bem-sucedida em recuperar cachorros perdidos ou roubados, nossa habilidade em encontrar gatos era decepcionante. Considerando todos os nossos casos, cerca de 30% dos gatos eram encontrados a salvo, mas eles ficavam desaparecidos por menos de quarenta e oito horas, o que significava que a área de busca era mais confinada e administrável.

Uma investigação particularmente memorável, envolvendo uma mulher chamada Suzie e um gato chamado Oscar, me afetou profundamente e mudou o rumo dos meus negócios. Em uma manhã de abril de 2012, eu alimentava as galinhas da Bramble Hill Farm quando senti o celular vibrando no bolso do casaco. Uma mulher desesperada me contou que seu gato branco de nove meses — um mestiço de burmilla — tinha desaparecido da casa dela, no pequeno vilarejo de Hampshire. Depois de uma busca malsucedida, um vizinho sugeriu que ela ligasse para a minha agência. Em toda a minha experiência como detetive de animais, poucas vezes eu falara com alguém que parecia precisar tanto da minha ajuda.

— O Oscar é tudo pra mim — afirmou Suzie, aos prantos. — Estou morta de preocupação, sr. Butcher. Não preguei o olho. Preciso descobrir o que aconteceu com ele.

Oscar, ela explicou, era um gato caseiro que nunca se aventurava do lado de fora. Dez dias antes do ocorrido, o marido de Suzie tinha aberto uma janela da cozinha por causa da fumaça do fogão e se esquecera de fechá-la antes de ir dormir. Na manhã seguinte, Oscar não subiu as escadas para receber carinho, como sempre fazia. Quando Suzie foi procurá-lo, descobriu a janela aberta e se entrou em pânico. Apesar de ter organizado uma busca meticulosa pelo vilarejo e perguntado de porta em porta, ela não conseguira nenhuma informação sobre seu paradeiro.

Eu normalmente não pegava casos envolvendo gatos desaparecidos há dez dias ou mais, pois a probabilidade de sucesso era muito baixa, e eu não dava esperanças ou cobrava dos clientes se me parecia um caso perdido, mas o pesar na voz daquela mulher me deu vontade de tentar ajudá-la. Às sete da manhã seguinte, bati à sua porta.

Suzie morava em East Meon com o marido, Mike. Enquanto tomávamos uma xícara de chá, ela respondeu às minhas perguntas sobre Oscar. Eu expliquei direitinho como a investigação de animais de estimação perdidos funcionava, utilizando os mesmos termos forenses de quando investigava o desaparecimento de pessoas pela polícia de Surrey, e recolhi o máximo de informações que pude sobre a personalidade, a saúde e a rotina de seu gato, o que me permitiu criar um perfil comportamental detalhado para não perder tempo precioso procurando no lugar ou na hora errados.

Quanto mais eu e Suzie conversávamos, mais eu compreendia seu desespero. Com uma voz suave e trêmula, ela me explicou que passara por duas tragédias pessoais seguidas no ano anterior: a perda do pai em um acidente de carro e, cinco meses depois, a morte da mãe, que jamais se recuperou do falecimento do marido e morrera de ataque cardíaco. Além de Suzie ter ficado muito mal, seu psicológico havia se deteriorado muito rápido. Ela era designer gráfica e frequentemente se pegava olhando para a tela do computador sem vontade de fazer nada. Além disso, ignorava prazos e sentia que sua mente viajava muito e seu estado de espírito estava cada vez mais triste. Preocupado com a esposa, Mike tentou de tudo para animá-la, esforçando-se para encontrar algo que a trouxesse de volta à vida.

— Até que um dia ele voltou do trabalho com um gato. — Suzie sorriu, pegou uma foto de Oscar do quadro de avisos da cozinha e a entregou para mim. — Nada poderia preencher o vazio deixado pelos meus pais, claro, mas o meu marido achou que eu poderia gostar da companhia.

— Oscar é lindo — afirmei, olhando para os enormes olhos verdes do gato.

Por nunca ter tido um gato antes, estava bastante cética, mas o pelo marrom e os bigodes brancos a conquistaram. Assim que Suzie o retirou da caixa de transporte, ele começou a ronronar e levantou as patas da frente, tocando de leve as mangas da malha dela.

Seu novo amigo se sentava em seu colo enquanto Suzie trabalhava no computador, se esfregava em seus tornozelos enquanto preparava o almoço e se enrolava ao lado dela à noite. Como se tivesse um sexto sentido, seu amigo felino ronronava mais alto ou se aninhava perto do pescoço de Suzie sempre que ela ficava triste. Além disso, Oscar tinha o hábito de atacar seus chinelos e de morder os dedos dela, o que fazia com que ela risse muito. Para a satisfação de Mike, Suzie e Oscar logo se tornaram inseparáveis.

Após reunir toda a informação necessária, me preparei para meter a mão na massa. Suzie ficaria em casa, pois os dez dias de buscas infrutíferas a deixaram exausta, e eu prometi mantê-la atualizada quanto a qualquer acontecimento significativo.

— Obrigada, Colin — ela agradeceu, chorando, e me entregou os folhetos de GATO PERDIDO que imprimira. — Só quero o meu Oscar de volta.

O catalisador da mudança

Encontrar esse gato desaparecido era fundamental. Decidi começar a busca pelo jardim da casa Suzie. Os dois metros entre a janela da cozinha e o pátio teriam impedido Oscar de entrar na casa. Por ter investigado alguns casos semelhantes, eu desconfiava que ele procurara um abrigo por perto para se proteger do frio. Como ninguém o havia visto, Oscar provavelmente acabara preso em algum lugar.

Com a ajuda de alguns vizinhos e donos de comércios locais, entrei em muitos jardins, barracões e garagens, o que consumiu o meu tempo, já que muitas das casas tinham jardins bem grandes. O mais frustrante era que, muitas vezes, eu atravessava aquele jardim imenso e descobria que não tinha ninguém, ou seja, alguns possíveis esconderijos continuariam inexplorados.

No meio da tarde, ainda não havia nenhum sinal do Oscar. Conforme o tempo passava, minhas esperanças diminuíam, pois cada minuto é precioso quando um gato está desaparecido há tanto tempo. Assim, me preparei para a conversa difícil que eu teria que ter com Suzie.

No entanto, uma propriedade continuava chamando minha atenção. A antiga casa de fazenda ocupava o maior terreno de East Meon e havia sido transformada em uma residência com uma piscina, quadra de tênis e um espaçoso barracão nos fundos.

Nas duas vezes em que a visitara naquela manhã, não havia nenhum carro, e ninguém atendeu a porta, mas ao voltar para a casa de

Suzie — lá pelas quatro horas —, vi a BMW estacionada na entrada. Percorri o caminho de cascalho, bati à porta e cruzei os dedos. Uma loira de cinquenta e poucos anos apareceu.

— Boa tarde. — Sorri, me apresentei e entreguei-lhe um folheto. — Estou procurando por um gato perdido, o Oscar. Será que eu poderia dar uma olhadinha no barracão nos fundos?

Ela me lançou um olhar frio.

— Aquele é o abrigo dos equipamentos da piscina e não um barracão — respondeu, praticamente ofendida. — De qualquer maneira, não há necessidade de entrar lá. Vi os folhetos e já dei uma olhada. Não tem gato nenhum ali, posso garantir.

Não me convenci. Trinta anos como policial e detetive particular haviam me equipado com um detector interno de mentiras que estava apitando como louco. Além de ter se virado de costas para o barracão enquanto falava comigo, ela dera informações que eu não pedira e, o principal, quebrara contato visual no exato momento em que falara sobre a suposta busca, o que fez com que eu tivesse certeza de que ela não entrava lá há semanas e me deixou ainda mais determinado a conseguir acesso.

— Eu gostaria de dar uma olhada rápida assim mesmo, se não se importar... — pedi, com educação.

Ela os braços na defensiva e balançou a cabeça devagar.

— Só vai levar cinco minutos, prometo — acrescentei logo, abrindo um sorriso simpático. — A dona dele está muito aflita. Só quer saber o que aconteceu com o gatinho, mesmo que seja ruim. Eu ficaria muito grato.

O gelo pareceu derreter por um momento. Com um suspiro resignado, a mulher sumiu pelo corredor e reapareceu com uma chave prateada pendurada no dedo indicador.

— Vou com você. — Ela arqueou as sobrancelhas. — E é melhor que seja tão rápido quanto disse.

A mulher abriu o barracão e me deixou entrar, desconfiada. À direita, iluminada pela luz do sol, havia uma caixa de plástico grande com os acessórios da piscina: boias vazias, máscaras de mergulho e nadadeiras.

Em uma estante de metal no lado esquerdo e mais escuro do barracão ficavam alguns vasos de terracota e cestos de flores.

— Como pode ver — disse a mulher, voltando a ser uma pedra de gelo —, não tem gato nenhum aqui.

De canto de olho, reparei que um dos cestos se mexia levemente e ouvi um barulho baixo, acompanhado por um miadinho. Em segundos, uma patinha apareceu por baixo do cesto, e a rainha de gelo tomou um susto. À primeira vista, parecia que o gato era preto, mas ao ver o pelo marrom e os enormes olhos verdes, não tive dúvidas. *Oscar.*

Magro e sujo, deu alguns passos vacilantes antes de cair aos meus pés. Eu o peguei com cuidado, o aninhei nos braços e saí. Ele botou a patinha de leve no meu casaco e não ofereceu muita resistência. O pobrezinho estava fraco demais para se preocupar com o perigo.

Fui para o carro e coloquei o gatinho trêmulo no banco do passageiro, tirando, com delicadeza, as teias de aranha de seus pelos emaranhados. Dirigi devagar até a casa de Suzie e liguei para avisar que precisávamos levá-lo imediatamente ao veterinário. Ela nos esperou do lado de fora, ansiosa.

— Meu Oscar! — gritou ao abrir a porta do passageiro.

Suzie estava muito feliz por ver seu amado gato — que sobrevivera, imagino, lambendo a condensação das janelas do barracão —, mas também estava muito preocupada com sua aparência frágil e esquelética. A temperatura elevada, o nariz seco e os olhos vidrados confirmavam que estávamos lidando com um gato que precisava de cuidados médicos urgentes.

Suzie pegou Oscar do banco do carro com extremo cuidado, acomodou-o no colo e se manteve cabisbaixa durante os vinte minutos que levamos para chegar ao veterinário. Quando parei no farol, notei as lágrimas rolando por seu rosto. Além das instruções sobre como chegar até a clínica, mal disse uma palavra.

Deixei os dois na clínica e fui estacionar. Lá dentro, encontrei Suzie sentada no meio de uma fileira de cadeiras azuis de plástico.

— O veterinário está com ele — Suzie me disse. — Os exames devem levar meia hora.

— Quer que eu fique com você? — perguntei.

— É muita bondade sua, mas Mike já está a caminho.

Alguns minutos depois, o marido de Suzie entrou correndo pela recepção. Achei que deveria deixá-los sozinhos, então me despedi e voltei para Sussex.

Minha cabeça latejava durante a volta. Eu estava bravo com a mulher que não havia procurado Oscar no barracão e furioso comigo mesmo por não tê-lo encontrado antes. Me senti muito mal por não ter conseguido ajudar melhor a Suzie, principalmente porque suspeitava que o pior ainda estava por vir.

Droga... Se eu tivesse chegado antes, pensei, socando o volante totalmente frustrado.

Suzie me ligou com notícias na manhã seguinte. O veterinário diagnosticara desidratação severa e desnutrição — Oscar tinha perdido 50% do peso corporal — o que causara danos significativos a seus órgãos. Eu sabia por minha experiência recuperando gatos presos que Oscar tinha sobrevivido à degradação das células de seu corpo graças a um processo chamado catabolismo, que exigia demais do fígado e dos rins.

Embora o gato tivesse continuado estável, sua única chance de sobreviver era uma transferência rápida para um centro especializado de tratamento em Londres. Porém, o veterinário não dava nenhuma garantia de que aquilo ia funcionar ou de que o gato sobreviveria à viagem de duas horas nas condições em que se encontrava. Ainda assim, Suzie estava decidida.

— Custará uma fortuna, Colin, mas vale a pena — afirmou. — Vou mandando notícias.

Quando ela me ligou novamente durante o fim de semana, sua voz trêmula me disse tudo o que eu precisava saber. O estado de Oscar piorara durante a noite — seus rins haviam começado a falhar —, e Suzie fora chamada à clínica para tomar a decisão mais temida por todos que amam animais. Seu amado Oscar foi colocado para dormir ainda no colo dela, interrompendo o lindo elo que existia entre eles.

Tentei dizer as palavras certas a Suzie — que ela havia feito o que precisava, que estivera ao seu lado quando ele morrera, que lhe dera uma vida cheia de amor —, mas nenhum lugar-comum conseguiria aliviar seu luto. Senti que a perda prematura do gato desenterrara o trauma profundo de suas outras perdas recentes. Suzie estava muito emocionada, então Mike pegou o telefone:

— Não foi o final feliz que queríamos, Colin, mas Suzie é muito grata pela sua ajuda. Se não o tivesse encontrado, ela nem teria se despedido.

Desliguei o celular, me recostei na cadeira e fiquei olhando pela janela. Os campos exuberantes da Bramble Hill Farm estavam salpicados de margaridas e trevos. Os canais cintilavam como laços prateados no horizonte. No céu, um urubu solitário circulava sobre as árvores, preparando-se para atacar sua refeição.

Contemplar aquele campo maravilhoso normalmente me consolava e me alegrava — era uma bênção que o meu QG ficasse ali —, mas continuei me sentindo frustrado e triste. Suzie depositara toda a sua confiança e fé em mim, mas, apesar dos meus melhores esforços, eu falhara. Se minha tática tivesse sido mais eficiente e estratégica, o pobre Oscar teria sido recuperado horas antes, o que poderia ter feito toda a diferença. Eu demorara demais revirando cada jardim, ou seja, eu precisava arrumar um jeito de fazer buscas mais eficazes sem comprometer a qualidade.

Você não pode deixar que isso aconteça de novo, Colin, decidi. *Algo tem que mudar.*

Então, naquela manhã de domingo de primavera, prometi a mim mesmo que colocaria a velha ideia em prática. Era hora de testar o conceito pioneiro de uma vez por todas.

Era hora de encontrar um cão que rastreasse gatos.

Para encontrar mais felinos mais rápido, decidi que a UKPD tinha que começar estudando o comportamento dos gatos de maneira muito mais detalhada. Sam, que sabia o quão arrasado eu ficara com a morte de Oscar, concordava totalmente.

— Agora que não estamos mais lidando com tantos roubos de cachorros, não há motivo para não concentrar nossos esforços em gatos — ela afirmou numa tarde de sexta-feira, no pub Red Lion, em Shamley Green, tomando um drinque comigo. — Mas o único jeito de sermos mais eficientes é colocando a mão na massa. Precisamos nos aproximar de gatos. Temos de observar o que fazem, aonde vão, com quem interagem, por que somem.

Minha colega estava certíssima. Nossos resultados não vinham sendo tão bons, e, sem dúvida, podíamos trabalhar mais para compreender a mente de um gato e rastrear seus movimentos. Naquela noite, rascunhamos um plano e uma estratégia de longo alcance que envolveria o máximo de conhecimento e informações possível.

— Esse será o projeto Red Lion. — Sam sorriu, e nós fizemos um brinde.

Pelas próximas semanas, nos debruçamos sobre inúmeros livros sobre comportamento felino, estudamos montanhas de trabalhos acadêmicos e assistimos a muitos filmes e documentários. Nesse meio-tempo, Stefan mantinha as investigações particulares da empresa funcionando perfeitamente.

Decidimos que a iniciativa constituiria um experimento inovador. Para termos uma visão real do comportamento felino, selecionamos alguns voluntários e, com seu consentimento, colocamos aparelhos de GPS nas coleiras de seus bichanos. Monitoramos as informações, que originaram duas perguntas: aonde os gatos iam quando saíram de casa e o que pretendiam fazer?

Em primeiro lugar, tínhamos que escolher uma boa localização para a pesquisa.

— Por que não fazemos aqui mesmo, em Shamley Green? — Sam falou.

— É verdade — respondi. – Acho que seria perfeito.

A localidade tinha uma área verde enorme, um campo de críquete exuberante e uma variedade de lojinhas e restaurantes, incluindo o renomado café Speckledy Hen. Também tinha uma densidade muito alta de gatos, o que era fundamental. Para onde quer que me virasse, eu via gatos nas janelas e nos degraus ou passeando pela rua.

O próximo passo era recrutar voluntários. Sam e eu pregamos cartazes nas vitrines das lojas, entregamos folhetos aos moradores e postamos mensagens nos sites locais.

Dez interessados entraram em contato, dos quais selecionamos três: Monty, um maine coon cinza e dócil; Shamley, uma gata malhada que vivia por ali fazia mais de dez anos; e Branson, de pelos longos e avermelhados.

Aquele era nosso primeiro dia, e Sam, com um grande sorriso, cruzou os dedos enquanto seguíamos para a casa dos donos para ensinar como colocar o rastreador nos bichos. Se tudo corresse como planejado, obteríamos informações úteis e valiosas.

O que não sabíamos foi que tínhamos escolhido os três gatos mais preguiçosos de Shamley Green. Cerca de uma semana depois — para nossa decepção —, os dados indicavam que os três danadinhos mal tinham se movido. Shamley, a mais ativa do trio, ia até o fundo do jardim toda a manhã, se sentava no telhado do barracão por algumas horas e tomava sol enquanto vigiava seu território. Depois de fazer suas necessidades no jardim do vizinho, ela voltava para a cozinha de sua casa para almoçar, tirava um cochilo no sofá e repetia a rotina de comida/cocô/sono à tarde. Considerando o projeto, aquele nível de inatividade era profundamente insatisfatório.

Foi quando tivemos um golpe de sorte. O editor de uma revista local, *The Guildford*, lera um artigo sobre a UKPD em um jornal regional e quis fazer uma entrevista conosco. Concordei com a condição de que podíamos mencionar o projeto Red Lion para atrair mais participantes. O artigo certamente teve o efeito desejado. Dias depois de sua publicação, já havíamos recrutado mais uma dúzia de voluntários.

— Adoraríamos participar — disse um professor que nos ligou após de ter visto a matéria. — Nossa Sheba raramente fica dentro de casa. Seria fascinante descobrir para onde ela vai.

Alguns moradores foram tão gentis, que permitiram que colocássemos câmeras em suas casas e jardins para gravar o vaivém dos gatos. Também instalei pelo vilarejo algumas câmeras com sensores de movimento para seguir os felinos que saíam para passear.

Finalmente, começamos a coletar dados incríveis. Nosso novo bando era muito mais animado. Conforme observávamos as filmagens e analisávamos os trajetos percorridos, Sam e eu começamos a reunir informações interessantíssimas. Aprendemos muito sobre o comportamento diário, os hábitos e os movimentos dos gatos, e, melhor, sobre as circunstâncias que os levavam a migrar ou se perder. Notamos que alguns reagiam mal a mudanças como a chegada de um bebê ou a reforma de um cômodo. Outros eram expulsos de seu território por um gato agressivo que invadia sua casa ou seu jardim.

Para nossa surpresa, Sam e eu descobrimos que alguns gatos de Shamley Green tinham criado uma solução engenhosa para evitar conflito: eles compartilhavam o mesmo território em momentos diferentes. Enquanto um gato mais dominante passava o dia em um trecho particular, outro, mais submisso, o ocupava ao cair da noite. Nossos aparelhos foram capazes de rastrear um bobtail americano chamado George, por exemplo, que rondava uma tranquila rua sem saída da manhã até a tarde, marcava árvores e cercas e ficava à toa sob os alimentadores de pássaros. Horas depois que George ia embora, um siamês magricela chamado Skog, dono de um nariz marrom todo diferentão, aparecia no mesmo território, passava por entre as cercas vivas e se esgueirava pelos jardins. Ele, nervoso, cheirou os pontos que George havia marcado e cobriu-os com seu próprio cheiro antes de desaparecer, pouco antes do pôr do sol. Ao demarcarem a área ritualisticamente com seu próprio cheiro, os felinos informavam sua identidade e seus movimentos aos outros, além de dar dicas de sua saúde, idade e alimentação.

— É como uma rede social felina — comentei, sorrindo, ao repassarmos a filmagem esclarecedora.

— É um jeito interessante de ver isso. — Sam riu.

Algumas das gravações mais incríveis mostravam as atividades de gatos "intrusos", que tinham o hábito de entrar nas casas da vizinhança atrás de comida e abrigo. Assistimos a um gorducho gato pelo curto inglês chamado Norman sentar-se diante da entrada da garagem de sua casa todas as manhãs para observar seus vizinhos, um casal que saía diariamente para trabalhar às seis e meia. Assim que eles partiam, Norman atravessava a rua e entrava na cozinha pela portinha dos gatos para comer e passear pela casa como se fosse o dono. Cerca de meia hora antes de o casal chegar, ele saía pelos fundos, atravessava a rua e voltava. Os donos de ambas as casas ficaram espantados e acharam graça quando lhes passei as imagens.

— Que safado... — O dono de Norman falou. — É por isso que está tão gorducho.

Mas nem todos os gatos intrusos são tão dóceis. Algumas semanas depois do início do projeto Red Lion, notamos um gato cinza e branco de pelo comprido e ligeiramente malcuidado que parecia estar entrando em diversas casas. Ele tinha o vigor e a arrogância de um gato não castrado e vinha se tornando uma ameaça na vizinhança. Ele entrava pelas portinhas de gato ou pelas janelas abertas e atacava os outros felinos, roubava sua comida e, por precaução, enchia as paredes de xixi para marcar seu território. Era tão grande e forte que Sam e eu o apelidamos de Titan.

Sem perceber, uma família desavisada acabou prendendo Titan em sua despensa ao ajustar a portinha de gatos para entrar, mas não sair. Quando a família chegou, depois de ter passado o dia inteiro fora, encontrou a despensa detonada e um gato transtornado. Titan, que não gostava nada de se ver preso, perdera as estribeiras. Uma veneziana estava caída, as roupas para lavar da cesta tinham sido destroçadas e o lugar fedia a xixi. A família correu para abrir a porta dos fundos e respirou aliviada quando Titan escapou.

Outra pobre família ficou horrorizada quando Titan, cheio de testosterona, invadiu sua casa, atravessou a sala e tentou cruzar com sua amada persa no tapete perto da lareira enquanto assistiam a *Procurando Nemo*. Os gatos rosnaram e se enfrentaram, fazendo pelos voarem pela sala, e o pai levou um arranhão feio quando tentou tirá-lo de cima dela. Pais, filhos e gata ficaram traumatizados, porque ela sumiu logo em seguida — uma resposta comum a choque e desconforto —, mas voltou alguns dias depois.

Apesar de suas tendências dominantes e destrutivas, acabei me apegando ao malandro. Eu gostava de rastreá-lo pelas câmeras com sensor de movimento enquanto ele perambulava pelo vilarejo e pensava nele com frequência. Titan era um gato feral, do tipo arisco, que sempre vivera na rua? Teria se perdido? Teria um dono em algum lugar? Suspeitando da última opção, decidi investigar.

Comecei pendurando cartazes com a foto dele pela região na esperança de que seu dono o reconhecesse e, para construir um perfil completo do intruso, entrevistei todos os vizinhos que já o conheciam e analisei as imagens das câmeras. Percebi que ele frequentava cinco casas diferentes, todas com gatos com quem Titan podia brigar, cruzar ou — o que era raro — socializar. Havia uma única propriedade que ele visitava diariamente: o bangalô arrumado de Valerie, uma amável senhora apaixonada por gatos, que tinha um birmanês chamado Max. Ela fizera amizade com o vira-lata cinza e durão, que sempre aparecia para comer ou dormir.

— Engraçado, nunca tive problemas com ele — disse quando descrevi o comportamento rebelde de Titan. — Ele se adaptou muito bem, e Max está velho demais para incomodá-lo. Na verdade, os dois se dão bem. Ele sabe ser bem bonzinho quando quer.

Valerie tornara-se muito próxima do jovem Titan e sentia-se tentada a adotá-lo. Expliquei a ela, com toda a delicadeza, que achava que devia tentar descobrir mais sobre ele, o que talvez me permitisse devolvê-lo a um suposto dono e restabelecer alguma estabilidade em sua vida. Titan também precisava ser castrado o quanto antes, pois gatos ferais estavam mais suscetíveis a doenças e infectar os animais com quem brigassem ou cruzassem. A castração também reduziria as tendências agressivas que tanto preocupavam alguns moradores.

Com tudo aquilo em mente, Valerie permitiu que eu montasse uma armadilha para gatos em sua cozinha — uma grande e arejada caixa de transporte de plástico com comida — para que eu pudesse levá-lo ao veterinário para verificar sua saúde e ver se ele tinha um chip.

Valerie me ligou às oito da manhã do dia seguinte.

— Acho que você terá de vir aqui, Colin — ela sussurrou. — Tenho um gato de mau humor na minha cozinha.

Preso, Titan rosnava com raiva e agitava o rabo com a minha aproximação. Por sorte, consegui acalmá-lo com biscoitinhos e palavras tranquilizadoras e transferi-lo para uma caixa de transporte mais confortável.

Assim que comecei minha jornada até o veterinário, recebi uma ligação de Sam, que acabara de chegar ao escritório. Ela me disse que uma tal sra. Lewis tinha deixado uma mensagem na noite anterior, após ter visto o meu cartaz, afirmando ser a dona de Titan.

— O nome verdadeiro dele é Milo — Sam disse. — Ela falou que ele sumiu de Bramley há seis meses, um vilarejo que ficava a dez minutos de carro de Shamley Green.

— Certo, Sam. Deixo o bichinho no veterinário e depois dou uma passada na casa dela.

A sra. Lewis me cumprimentou e me levou até a cozinha. Ela revirou uma gaveta até encontrar uma foto de um gato cinza e forte — sem dúvida Titan — e me disse que, apesar de seus filhos terem sofrido muito com o sumiço dele, eles já haviam desistido da ideia de voltarem a vê-lo um dia. Ela também explicou que ele desaparecera quando uma de suas três gatas parira seis filhotes do próprio Titan.

— Acho que ele tinha esposas e filhos demais. — Ela sorriu. — Foi como se tivesse dito: "Pra mim, chega. Vou fazer as malas e cair fora daqui...".

— Na verdade, esse é um gatilho clássico para a fuga de um gato.

Expliquei-lhe que gatos são extremamente sensíveis a mudanças no ambiente e que toda aquela confusão na casa podia ter feito Milo procurar um novo território. Então a sra. Lewis me disse que a maior parte dos filhotes tinha ido para outro lar e que a "esposa" mais velha morrera havia pouco tempo.

— Está muito mais tranquilo e silencioso por aqui ultimamente, e adoraríamos ter nosso Milo de volta.

Dei dois conselhos à sra. Lewis: era hora de castrá-lo, pois muitos de seus problemas comportamentais estavam ligados a isso, e ela devia tentar controlar o número de gatos na casa, porque aquele provavelmente tinha sido o motivo da fuga.

Titan, ou Milo, logo foi reunido com sua família, o que trouxe uma solução satisfatória a uma intrigante investigação e respondeu às perguntas que tinham me incomodado por semanas. Embora não fosse um gato feral, ele tampouco era um gato típico de rua, já que não havia sido abandonado e, tecnicamente, tinha um lar. Eu preferia vê-lo como um gato que optara pela rua: apesar de sua vida feliz com humanos, Milo fora deslocado de seu território por causa de um gatilho específico e escolhera uma existência nômade em Shamley Green, já que a presença de famílias com gatos lhe garantia comida, fêmeas e oportunidades para brigar.

Eu me despedi dele e voltei para Bramble Hill Farm. Embora estivesse feliz ao vê-lo voltar à família, me perguntava quanto tempo o teimoso vira-lata andarilho permaneceria lá.

Em todos os aspectos, o projeto Red Lion foi um valiosíssimo exercício. Dados inestimáveis foram reunidos pelos rastreadores, e as câmeras nos deram uma nova visão da vida secreta dos gatos e lançaram luz sobre a questão da migração. Armada com o conhecimento recém-adquirido, a UKPD pôde aceitar mais casos de gatos perdidos ou desaparecidos, e nossa taxa de sucesso aumentou para mais de 60%. Para mim, no entanto, ainda não era o bastante — eu não suportava o ocasional fracasso. Sabia que precisava realizar mudanças.

Um projeto pioneiro

A semente da ideia do cão farejador de gatos tinha sido plantada durante a minha adolescência, na Inglaterra dos anos 1970. Eu adorava observar a natureza e a vida selvagem, e, como meus pais e avós eram amantes das ciências naturais, eles encorajavam o meu *hobby*. No Natal e no meu aniversário, eles me presenteavam com lindos livros ilustrados. Eu devorava tudo, cada detalhe, absorvendo fatos e números sobre lar e habitat, sentidos e comunicação, movimento e migração. Minha busca por conhecimento não tinha limites, e eu costumava levar para casa as criaturas que capturava em excursões de campo, como cobras e diversos tipos de lagartos.

— Já faz dois dias que está com eles, filho, é melhor soltá-los — aconselhava meu pai sobre os pequenos insetos e anfíbios que se contorciam em viveiros caseiros. — O lugar deles é na natureza, não no seu quarto.

Eu e o meu irmão mais velho, David, passávamos muitos dos nossos dias de folga da escola em Cleeve Hill Common, uma região de fazendas de ovelhas que se estendia por toda Cheltenham. Alec, um grande amigo do meu avô, cuidava da terra e do rebanho para o proprietário de uma delas. Sabendo que éramos amantes da natureza, Alec às vezes permitia que o meu irmão e eu o acompanhássemos e nos levava até Cleeve Hill em uma lata-velha que parecia um jipe e cheirava forte a cachorro, ovelha e cachimbo. O tabaco que Alec fumava tinha um toque de pinho e mel, que se impregnava nas nossas roupas e peles.

Sempre havia uma dupla de collies branco e preto na traseira do carro. Essa era a raça mais tradicional e habilidosa para cuidar de ovelhas, e os dois ajudavam a cercar os animais e os resgatavam em situações perigosas.

— Estão prontos para a ação? — Alec perguntava, e a adrenalina tomava conta de nós ao entrarmos no banco do passageiro. — Um carneiro velho ficou preso numa cerca, então precisamos ajudá-lo.

Eu adorava Alec. Seu conhecimento sobre a região e sobre collies era incomparável. Ele os adorava e falava com eles com muita ternura, como se fossem seus filhos. Em troca, eles eram completamente confiáveis e leais e atendiam a cada chamado ou comando. Ele exigia muito de seus cachorros, mas também os amava profundamente, o que me fascinava.

Ao longo da minha infância, uma procissão de animais de estimação passou pela nossa casa, incluindo uma variedade de cães, gatos, hamsters e ratos, que eram contrabandeados para dentro de casa sem o conhecimento dos meus pais e ficavam escondidos na gaveta das meias, de onde costumavam fugir com uma frequência irritante. Como meus pais tinham um fraco por shih-tzus, muitas vezes eu voltava da escola e encontrava um filhote fofinho e de pelo dourado pulando no jardim dos fundos. Eles sempre adotavam animais resgatados e se recusavam a comprá-los de criadores especializados ou lojas de animais.

— Todo cão merece uma segunda chance — minha mãe dizia, erguendo no colo o mais recente membro da família para acariciá-lo.

Foi o caso de Gemini, um shih-tzu branco e cinza tão esperto que reconhecia os nomes de todos os nossos brinquedos favoritos. Ele também se dava muito bem com nossa gata, Mitzy, que tinha dois anos e era tricolor, confiante e incrivelmente carinhosa. Entre as sonecas que tirava com Gemini — a maior parte dos gatos dorme por até dezesseis horas por dia —, Mitzy me seguia pela casa e miava pedindo para brincar.

Em um sábado frio de novembro, Mitzy sumiu. Estranhamos quando ela não apareceu para o almoço, pois ela amava comer e tinha uma barriguinha protuberante. Na manhã seguinte, ela ainda não tinha dado nenhum sinal de vida, o que nos deixou preocupados de verdade. David e eu formamos uma equipe de buscas e vasculhamos o jardim dos fundos e as cercas vivas e batemos nas portas dos vizinhos. Passamos o domingo todo fazendo cartazes com lápis de cor, que penduramos em postes e troncos de árvores.

— Não se preocupem, ela vai acabar voltando — disse minha mãe.

Mas as horas se transformaram em dias, e a temperatura diminuiu, juntamente com a minha esperança. Gemini parecia sentir a nuvem cinza que sobrevoava nossa casa. Nosso cachorrinho estava mais estressado e ansioso que de costume e corria pela casa, arranhava as coisas, gemia e nos olhava com tristeza.

— Coitadinho do Gemini — lamentei, dando um abraço forte nele. — Está com tanta saudade de Mitzy quanto a gente.

Na quinta-feira seguinte, quase uma semana depois de ela ter sumido, enquanto assistíamos TV na sala assistindo, Gemini choramingava no canto e batia a pata no carpete.

— Queria que ele parasse de fazer isso — reclamou minha mãe. — Faz só um mês que o instalamos, e já está ficando puído.

Foi quando ouvi um barulho do outro lado da sala.

— Ei, acho que ouvi um miado. — Me endireitei no assento. — Abaixa o volume, pai.

Ficamos todos escutando atentamente por alguns minutos, mas ele não se repetiu.

— Deve ter sido a cantora desafinando — brincou o meu pai, voltando a aumentar o som.

Pouco depois, ouvi outro miado baixo do canto da sala e tive uma ideia. Nosso esperto shih-tzu, com seu olfato e sua audição apurados, estava dizendo, com seus lamentos e arranhões constantes, que nossa gata estava lá embaixo. O pobre cachorro tentava nos alertar há dias, mas não conseguíamos entender os sinais que ele nos dava.

— MITZY ESTÁ DEBAIXO DO PISO! — gritei, correndo para o canto. — Por isso Gemini anda tão estranho.

Minha mãe se levantou do sofá, colocou as mãos na cintura e olhou para o meu pai.

— É culpa *sua*, seu tonto —resmungou.

— Como assim? — ele perguntou, assustado.

— Você removeu o piso da cozinha na semana passada, não foi? Ela deve ter entrado quando você não estava olhando.

Meu pai tinha mesmo trocado alguns canos na semana anterior, e Mitzy provavelmente passou pela abertura antes que ele colocasse o piso de volta.

— Mas eu mal saí da cozinha — o meu pai disse, atordoado. — Tenho certeza de que perceberia se…

— Está na cara que não, né, Geoff — respondeu minha mãe, indignada. — É melhor ir pegar a caixa de ferramentas. A coitadinha precisa ver a luz do dia.

O caos tomou conta da casa por cerca de uma hora. Podíamos ouvir Mitzy correndo em várias direções abaixo de nós, e Gemini a seguia, apontando as orelhas para o norte e o focinho para o sul. Meu pai arrancou o carpete e as tábuas do piso com um martelo enquanto David e eu tentávamos iluminar as aberturas para atrair a gata do modo mais carinhoso possível. Minha mãe, com meu irmão Rian no colo, assistia horrorizada à sua casa sendo destroçada.

O latido de Gemini indicou que Mitzy chegara ao beco sem saída debaixo do lavabo. Ele dava voltas, animado, enquanto meu pai removia cuidadosamente uma tábua do piso daquele local. Após alguns momentos de tensão, uma gatinha assustada e suja saiu de lá, com uma barriguinha notavelmente menor. O gritinho de deleite de Rian e nossas gargalhadas disseram tudo. Gemini achara Mitzy, e a nuvem escura foi embora.

Toda essa experiência me impressionou muito. Observar o meu cachorro localizar a minha gata foi uma das coisas mais incríveis que já vi. Sem que eu percebesse, a ideia ficara impressa na minha mente, mas eu só seria capaz de explorar todo o seu potencial mais de quatro décadas depois.

Com a aproximação do inverno de 2014, senti que havia chegado o momento de colocar a segunda fase do meu plano de rastreamento de gatos em prática. Um cão especializado em reconhecimento de cheiros complementaria a equipe do projeto Red Lion, aprimoraria nossos serviços e aumentaria nossas chances de encontrar os animais desaparecidos, o que traria alegria e alívio para os donos e evitaria desfechos trágicos como o do pobre Oscar, que continuava a me assombrar. Eu estava totalmente convencido de que era um conceito viável, pois se um cão policial podia ser ensinado a detectar drogas ou armas, um cão farejador também poderia ser treinado para isolar o cheio de um gato específico. Na minha mente, era bem possível.

No entanto, eu não tinha ilusões. Sabia que não seria capaz de terminar o projeto sozinho e que precisaria de ajuda especializada durante o processo. Uma vez, um grande amigo me disse que, para que uma ótima ideia desse certo, "primeiro seria preciso saber o que fazer, depois com quem fazer". Foi com essa simples equação em mente que iniciei a tarefa, assistido pela sempre prestativa Sam. Embora eu tivesse ampla experiência com cães, que sempre estiveram presentes na minha vida, sabia da minha falta de conhecimento sobre a ciência do comportamento canino e do reconhecimento de cheiros.

Durante 2014, estudei vorazmente esses assuntos, li centenas de trabalhos acadêmicos e livros (o especialista americano em cães Roger Caras se tornou um dos meus autores favoritos) e assisti a incontáveis documentários na televisão e no YouTube, incluindo aqueles com o naturalista britânico Desmond Morris.

Aprendi tudo sobre a evolução do sistema olfativo dos cães ao ler sobre como os cachorros selvagens africanos conseguiam distinguir um antílope doente ou vulnerável, por exemplo, para persegui-lo por quilômetros. Também descobri que o conjunto de glândulas olfativas espalhadas pela cabeça, patas e cauda de um gato exala um feromônio diferente daquele de único para casa gato. Esse tipo de pesquisa corroborava minha ideia e me deixou com mais vontade do que nunca de seguir em frente. Sam e eu passávamos horas discutindo tudo o que aprendíamos.

— Imagina só, Colin, se tudo der certo, você vai ter o primeiro cão farejador de gatos do Reino Unido — ela me disse uma vez. — Não seria incrível?

Procurei na minha agenda e na minha lista de clientes alguém na região que pudesse me ajudar a encontrar e treinar um cão, ou me indicar alguém que fizesse isso, e também para opinar sobre minha ideia. O que eu não esperava era encontrar tamanha apatia, negatividade e até mesmo hostilidade.

Um contato meu fez a gentileza de me indicar uma criadora de cães de caça em Petersfield. Quando fui visitá-la para falar da minha ideia, ela me dispensou rapidamente.

— Isso *nunca* irá funcionar — desdenhou. — Se fosse uma boa ideia, acha que um treinador renomado não teria pensado nisso até agora?

Talvez ninguém tenha feito isso ainda, eu me lembro de ter pensado enquanto voltava para o carro, sentindo os meus pelos se arrepiarem, *mas isso não quer dizer que não possa ser feito*.

Outros treinadores nem retornaram minhas ligações ou e-mails, e um Kennel Clube oficial sugeriu, de maneira muito rude, que eu não tinha experiência para me envolver em um projeto desse tamanho. Outro suposto especialista ficou muito feliz em me dizer que cães farejadores estavam mais aptos a encontrar pessoas que gatos, já que os humanos se movimentam mais lentamente e, portanto, são mais fáceis de rastrear.

— Felinos são caçadores, sr. Butcher, que rastejam silenciosamente e mal tocam o chão — ele disse, balançando a cabeça com um ar de superioridade. — Como são cobertos por pelos, não deixam tantas células para trás como nós e são muito, muito difíceis de localizar.

— Bom, digamos que — retruquei, me controlando ao máximo — discordo respeitosamente de você.

Esse mesmo especialista também duvidou de que um cão farejador pudesse diferenciar um gato específico, já que "todos têm o mesmo cheiro". No entanto, minhas leituras e pesquisas aprofundadas e as descobertas feitas a partir do projeto Red Lion, em Shamley Green, já tinham me convencido do contrário.

Durante aquele verão, em uma exposição no condado de Sussex, comecei a conversar com um dos organizadores, um cara muito afetado e que fazia simulações com cães de caça. Ele ficou boquiaberto ao ouvir o meu conceito.

— Do que você está falando? — O homem chacoalhou a cabeça. — Cachorros *perseguem* gatos, não os *encontram*. Acho que você está desperdiçando seu tempo e o meu. Agora, peço licença, porque tenho um troféu para entregar... — E foi embora, murmurando algo sobre "gente que não tem mais nada pra fazer na vida".

Entrei em contato até com o centro de treinamento de cães da polícia de Surrey, em Guildford, esperando que talvez estivessem interessados em um esforço conjunto. Eu financiaria o treinamento do cão farejador, para o qual já tinha reservado um pequeno orçamento, e a polícia poderia levar o crédito pelo resultado. O sargento do outro lado da linha riu da minha cara.

— Não posso dizer que gatos desaparecidos sejam uma de nossas prioridades — afirmou, mal conseguindo disfarçar a surpresa —, então não creio que nos interesse.

A resposta sarcástica não deveria ter me surpreendido, afinal de contas, policiais sabem ser muito cínicos, e o sargento provavelmente era acomodado demais para enxergar que o projeto poderia beneficiar sua divisão de cães. Para ele, eu era um iludido detetive de animais e minha ideia maluca poderia manchar sua reputação. Talvez a maldição do Ace Ventura estivesse atacando novamente.

Voltei para Cranleigh desanimado, mas não derrotado.

Sarah me esperava em casa aquela noite — e se preparava para uma discussão inevitável.

Quando eu a conheci, eu não tinha nenhum animal de estimação, pois ainda sofria com a perda de três cachorros em dezoito meses — Tess, um pastor-alemão, e dois rottweilers, Max e Jay. Por mais que recebesse animais com frequência como parte do trabalho da UKPD, eram sempre cães que tinham sido roubados e cujos donos eu não conseguia encontrar ou gatos abandonados esperando por um novo lar. Foi durante a época em que ofereci lar temporário a Bracken, um springer spaniel, que descobri que Sarah preferia gatos a cachorros. Ela se orgulhava demais da organização e da limpeza da casa e não tinha paciência para cães e suas sujeiras.

— Que horror, Colin, tem lama *pra todo lado...* — ela reclamava do rastro de patas e pegadas que Bracken e eu deixávamos ao voltar de nossa caminhada na floresta. — E tem pelo por *toda* a cozinha, pelo amor de Deus! É *nojento*...

Embora Sarah soubesse desde o início do meu plano de arranjar um cão farejador de gatos, acho que, no fundo, ela duvidava de que isso se tornaria realidade, o que a deixava secretamente aliviada.

— Todos batem a porta na minha cara, Sarah — reclamei, me jogando no sofá de couro e me servindo de uma taça grande de vinho. — Estou me esforçando muito para ir em frente, mas as pessoas não acreditam em mim e pensam pequeno demais. É muito desanimador. Todos me dizem que é uma ideia maluca, que estou perdendo o meu tempo, mas sei que pode ser feito.

— Você não vai desistir, vai? — ela perguntou, sabendo muito bem que eu não era do tipo que desistia fácil.

— De jeito nenhum. Talvez isso me torne ainda mais persistente. Só preciso encontrar alguém que acredite em mim, que dê valor à minha ideia. Essa pessoa deve estar em algum lugar.

E estava mesmo. Era uma amante de cachorros chamada Anna.

Meu projeto tomava grande parte do meu tempo livre, e eu ainda tinha que administrar a agência de investigação particular e lidar com os casos e crimes relacionados a animais. Certa tarde, recebi a ligação de uma mulher perguntando se eu poderia investigar a morte suspeita de sua welsh terrier, Molly. Anna era uma famosa treinadora e especialista em cães, que tinha um programa semanal no rádio. Ela se mudara do centro de Londres para Shropshire para oferecer a Molly mais qualidade de vida. A cachorra fora diagnosticada com câncer há alguns meses, e Anna achou que o ar fresco e um ambiente mais tranquilo fariam bem à saúde dela e talvez prolongassem sua vida.

Algumas semanas depois de se mudar para uma pequena casa, Anna foi convidada a participar de uma conferência importante em Bruxelas. Preocupada com a saúde da pobre Molly, ela preferiu pedir a Jill, uma mulher que levava os cachorros das redondezas para passear, que cuidasse dela no fim de semana.

Anna passou a conferência toda preocupada, pois raramente se separava da terrier, e mal podia esperar para ir para casa no domingo. No entanto, não encontrou Jill ao chegar. Para piorar, Molly não parecia a mesma. Ela estava com muita dificuldade para se movimentar, parecia letárgica e sua cauda estava caída. Muito preocupada, Anna ligou para o celular de Jill, que não atendeu. Acabou localizando-a no centro de jardinagem local.

— Ah, desculpa, Anna, me esqueci de dizer... Molly caiu do sofá e bateu as costas — ela informou, com indiferença, antes de alegar que uma emergência familiar a obrigara a deixar a casa naquela tarde.

Nas quarenta e oito horas seguintes, o estado de Molly piorou. Anna a levou ao veterinário, que diagnosticou luxação da cauda e deslocamento do quadril. A cadelinha recebeu uma dose de analgésicos, mas sua saúde se deteriorou rapidamente e, quinze dias depois, ela morreu e Anna ficou arrasada.

— Colin, sei que não trará Molly de volta, mas queria saber a verdade — ela me disse do outro lado da linha, com a voz falhando de emoção. — Tenho de descobrir o que realmente aconteceu com ela durante a minha viagem.

Foi uma investigação longa e complexa, que incluiu analisar mensagens de texto e imagens de circuito fechado e fazer verificações forenses na casa. Logo ficou claro que Jill mentira muito a respeito de Molly. A queda do sofá era bastante implausível, porque o assento ficava baixo demais para causar um trauma sério. Levando em consideração os comentários do veterinário, a explicação mais lógica para os ferimentos de Molly era que ela teria sido jogada ou chutada escada abaixo. Um amigo de Jill que tivera acesso à casa de Anna durante sua viagem era o suspeito mais provável, de acordo com as indicações de problemas de comportamento e do material forense.

Embora não houvesse provas suficientes para um processo criminal ou civil, minha cliente ficou satisfeita por obter respostas para algumas de suas perguntas e por encerrar aquela história.

— Tenho que tentar bloquear os pensamentos ruins, Colin, e guardar os momentos bons com carinho — disse Anna, desamparada. — Nunca, nunca vou esquecer a Molly. Ela era minha melhor amiga, mas agora posso, enfim, deixar que ela descanse em paz.

Anna e eu nos tornamos bons amigos. Quando ela voltou para Londres, passamos a tomar café com frequência. Foi em um desses encontros, em um café de Notting Hill, que levantei a questão do cão rastreador de gatos.

— Olha, Anna, eu tive uma ideia... Todo o mundo parece achar que é bobagem e que eu fiquei completamente maluco, mas gostaria muito de ouvir sua opinião.

Minha amiga achou o conceito maravilhoso e me indicou uma organização que talvez pudesse me ajudar. Ela trabalhara como estrategista de relações públicas para uma instituição de caridade em Milton Keynes, a Medical Detection Dogs, cuja equipe realizava um trabalho pioneiro com cães especializados em reconhecimento e em assistência médica. Aquelas criaturas incríveis usavam o nariz ultrassensível para detectar minúsculas mudanças no odor de um indivíduo, o que permitia que identificassem alguns sinais de alerta. Se um daqueles cães fosse alocado para alguém com diabetes tipo 1, por exemplo, ele seria treinado para sentir níveis perigosamente altos ou baixos de açúcar no sangue e para alertar o paciente por meio de pulos, lambidas ou ambos.

— Esses cachorros são fenomenais, Colin — afirmou Anna. — Eles não apenas mudam vidas, mas as salvam também.

De acordo com minha amiga, a MDD também vinha fazendo testes com cachorros especializados em biodetecção. Eles estavam sendo treinados para detectar certos tipos de câncer pelo cheiro, na esperança de que, um dia, pudessem auxiliar no diagnóstico precoce da doença. Para essa pesquisa inovadora, a instituição recrutara raças que tinham um excelente olfato e um instinto natural para a caça, como labradores e cocker spaniels, e os treinava por seis a oito meses. Todos os cachorros moravam na casa dos envolvidos ou de voluntários locais e eram amados e tratados como parte de suas famílias.

— A MDD pode ser exatamente o que você estava procurando, Colin. Não dá pra prometer nada, claro, mas posso marcar uma reunião.

Conheci a dra. Claire Guest e Rob Harris — as forças motrizes por trás da Medical Detection Dogs — em 25 de setembro de 2015, uma quarta-feira. Claire, que tinha uma grande carreira acadêmica no campo do comportamento animal e do reconhecimento de cheiros, era a presidente da instituição. Rob era perito em biodetecção e um respeitado especialista em olfato canino. Ele havia treinado um enorme número de cachorros para detectar todo tipo de coisa: cartões SIM contrabandeados para dentro de prisões, fungos em prédios históricos, infestações de percevejos em hotéis e tráfico de marfim.

— É uma questão de transformar o que um cachorro faz naturalmente em uma habilidade única — disse Rob quando lhe perguntei sobre seu impressionante currículo. — Mas o melhor é que a maioria desses cães não vê o que faz como trabalho. Para eles, é um jogo de esconde-esconde do qual adoram participar e pelo qual são recompensados.

Apresentei a eles minha ideia, com Anna ao meu lado para dar apoio moral. Quando terminei de falar e fechei o PowerPoint, eles olharam um para o outro e falaram:

— Me parece que podemos colaborar com você — disse Claire. — É uma excelente ideia, Colin. Se executada da maneira certa, pode se tornar algo realmente inovador.

Precisei de todas as minhas forças para não dar um soco no ar e gritar. Não conseguia acreditar no que estava ouvindo. Eu tinha vontade de pular e dançar ali mesmo. Precisei me esforçar muito para permanecer sentado.

— Acho que é um desafio muito interessante — Claire prosseguiu. — Como uma amante de animais, admiro muito os motivos por trás dessa iniciativa. Um cão que encontra gatos... Quer dizer, como não gostar?

Ela também explicou que, se as coisas seguissem como planejado, poderiam pedir que Astrid, uma chilena especialista em correspondência de cheiro, se encarregasse do treinamento laboratorial do cachorro. Eles me disseram que ela acabara de treinar os cães farejadores da polícia alemã para identificar o cheiro dos suspeitos e combiná-lo com o cheiro de algum objeto deixado na cena do crime. Embora o procedimento não pudesse provar a culpa de maneira concreta, tornara-se um componente vital do conjunto de evidências.

— Astrid é inacreditavelmente boa no que faz. Na verdade, diria que está entre as melhores do mundo. — Rob sorriu. — Tenho certeza de que ela adoraria trabalhar conosco.

Aquilo foi música para os meus ouvidos. O meu animal também teria que distinguir cheiros específicos, pois cada busca envolveria o reconhecimento do odor específico de um gato — diferentemente do que acontece com os cães que rastreiam drogas, por exemplo, que eram expostos aos mesmos narcóticos constantemente. Com aquilo em mente, me parecia que a experiência de Astrid seria indispensável.

Quando encerramos a reunião, tive vontade de me beliscar. Finalmente, graças à intervenção de Anna, eu conhecera pessoas brilhantes e proativas que tinham comprado minha ideia. Eu me conectara a um grupo de profissionais pioneiros preparados para me ajudar a romper barreiras para criar algo inovador.

— Estamos de acordo? — perguntei, cauteloso.

— Sim, estamos, sim — respondeu Claire. — Vamos tornar isso uma realidade.

Após juntar forças com a MDD, era hora de tomar uma decisão importante: a raça ideal para o nosso projeto. Ao longo dos anos, eu me deparara com diversos tipos de cães profissionais na polícia, na área de investigação, nas competições de tiro e nas exposições na região sudeste e sempre conversava com os donos e criadores para conseguir identificar o melhor cão possível.

Minha busca sempre considerava qual o cão mais eficiente a partir da minha perspectiva e, principalmente, qual o melhor cão do ponto de vista de um gato desaparecido e possivelmente traumatizado.

Por eu ser um detetive de animais, eu precisava encontrar um animal que tivesse uma aptidão natural para a busca. Claire sugerira o braco húngaro de pelo curto, que tem uma incrível habilidade olfativa, mas essa raça me parecia grande demais. O meu cão tinha de ser pequeno o suficiente para entrar em espaços confinados e ter a energia e a resistência necessárias para aguentar missões longas, muitas vezes envolvendo viagens.

A capacidade de ser treinado também era um fator-chave. Se o cachorro ia aprender habilidades altamente técnicas na MDD, ele precisava necessariamente ser inteligente e pensar rápido. Em termos de personalidade, a raça ideal teria de ser sociável e complacente para interagir com pessoas em uma variedade de ambientes e cenários.

Quanto ao ponto de vista do gato, a última coisa de que precisávamos era um cachorro barulhento ou assustador que o levasse a fugir ou recuar. Por esse motivo, eu precisava encontrar um cão tranquilo, que não tivesse tido experiências negativas com gatos. Na minha experiência, qualquer filhote que visse cães adultos rosnando e latindo para gatos invariavelmente aprenderia o comportamento e o copiaria, o que tornaria impossível evitar tal resposta.

Resumindo, era necessário considerar a aparência do animal (de preferência pequeno, para não parecer muito altivo ou intimidador); o som que faria (silencioso, pouco propenso a latir para animais ou pessoas quando agitado); e a personalidade (estável, sem tendências agressivas).

— Bom, então pastores-alemães, rottweilers e cães-de-santo-humberto estão descartados. — Sam sorriu enquanto eu considerava as opções no escritório na Bramble Hill Farm.

Havia conseguido reduzir as opções a três: labrador, springer spaniel e cocker spaniel, mas qual deveria escolher?

Sam batucava os dedos na mesa quando tomei minha decisão:

— Vai ser... — Fiz uma pausa dramática, como um apresentador de *reality show* antes da grande revelação. — ... o cocker spaniel.

— Excelente escolha — disse minha colega, que, como eu, era uma grande fã dessa raça.

Um cocker parecia ser a escolha natural. Quanto mais os via em ação, mais convencido ficava de que eram perfeitos para o papel, pois eram compactos, ágeis, corajosos e resistentes. Eu tinha testemunhado suas habilidades impressionantes durante competições de tiro, quando os vira assustar e recuperar faisões e perdizes, e tinha uma leve preferência pessoal por eles, já que os meus irmãos Lynn e Rian tinham cocker spaniels de estimação. Além de bonitos, eram animais incrivelmente inteligentes, com muito tato e ótimos em solucionar problemas.

— Macho ou fêmea, Colin?

— Fêmea, Sam, com toda a certeza.

Como parte de minha pesquisa, eu perguntara a dezenas de pessoas por que tinham optado por fêmea ou macho. De modo geral, parecia que as fêmeas viviam mais e tinham menos problemas com o treinamento.

— Com rabo curto ou longo? — perguntou minha assistente.

A prática de cortar um pedaço da cauda de um cachorro, às vezes por motivos puramente estéticos, foi considerada ilegal graças ao Ato pelo Bem-Estar dos Animais, de 2006, mas havia algumas exceções, geralmente envolvendo cães de caça cujas caudas poderiam ficar presas em espinheiros e, portanto, estavam mais suscetíveis a ferimentos e infecções.

— Longo — afirmei, confiante de que nunca usaria o animal daquela maneira e de que tomaria todo o cuidado para impedi-lo de entrar em áreas em que pudesse se machucar.

Muitos itens da minha lista de características do cão farejador estavam resolvidos — cocker spaniel, fêmea, rabo longo —, mas restava um pré-requisito vital para mim. Havia tocado nesse assunto na primeira reunião de planejamento na MDD, realizada em novembro de 2015. Claire, Rob e eu estávamos prestes a fazer um intervalo para o café quando decidi soltar a bomba:

— Sei que é pedir demais, mas eu gostaria que nosso cão farejador de gatos viesse de um abrigo.

— Um animal resgatado? — Rob arqueou uma sobrancelha. — Tem certeza de que é uma boa ideia?

— Tenho, sim. É uma questão de princípios, mais que qualquer outra coisa, e algo que me sinto obrigado a fazer, porque ...

Um resgate excepcional

Minha devoção a cães resgatados nasceu no Extremo Oriente. As ruas da Malásia e de Singapura, onde eu passei a infância, viviam repletas de animais sem dono que passavam a maior parte da vida procurando comida, brigando e buscando uma sombra em meio ao calor sufocante.

Uma vez, durante o período das monções, o meu pai e eu tentamos inutilmente impedir que um saco de filhotes se afogasse em um escoadouro de três metros de altura. Lembro-me nitidamente de observar, impotente, os pobres coitados serem puxados pela correnteza.

— Não havia nada a fazer, Colin — lamentou o meu pai, enquanto lágrimas quentes e raivosas escorriam por minhas bochechas. A triste visão deve ter entristecido muito o meu pai, que também adorava cachorros.

— Mas não é *justo*, papai! — gritei enquanto ele me levava, colocando um braço paternal sobre os meus ombros.

Naquele dia eu me joguei na cama quando cheguei em casa e prometi a mim mesmo que faria todo o possível para ajudar animais indesejados e que **nunca compraria um animal de estimação em vez de adotar um**.

Aquele dia no escritório da Medical Detection Dogs, em Milton Keynes, expliquei os meus princípios para Claire e Rob. Cada cachorro que eu ou minha família tivemos havia sido adotado, e eu não tinha planos de mudar minha conduta. Aproveitei a oportunidade para explicar que, com o meu trabalho na polícia e como detetive de animais, eu vira cães abandonados e negligenciados demais, o que nunca deixou de me atormentar. Pelo lado positivo, também encontrara dezenas de abrigos e centros de resgate excelentes, que se dedicavam a encontrar lares para animais até então indesejados.

— Imagino que isso seja um problema a mais pra vocês — ponderei —, mas espero que entendam os meus motivos.

— Claro, Colin. Não temos como argumentar contra sentimentos — Rob respondeu. — Ficarei muito feliz em escolher um animal resgatado, mas isso tornará nossa busca pelo cachorro certo mais demorada e arriscada. Mas vamos tentar.

Rob e eu nos dedicamos totalmente à tarefa. Ele entrou em contato com muitos amigos e colegas do mundo canino, e eu mexi os meus pauzinhos falando com abrigos e com clientes antigos da UKPD para ver se conheciam candidatos apropriados. Uma dessas pessoas — uma mulher de Farnham cujo cão perdido eu havia recuperado — comentou comigo sobre Willow, uma cocker spaniel de onze meses que estava prestes a ser doada por sua família, que vivia na Escócia. Os detalhes eram poucos, mas encorajadores: ela estava em forma, era amistosa e aparentemente não tinha problemas com gatos.

Por pura sorte, Rob, que ia para a Escócia naquela mesma semana, concordou conhecer Willow. No entanto, minhas esperanças caíram por terra quando ele me ligou.

— Sinto muito, Colin. — Rob suspirou. — Willow não é o animal que procuramos.

Rob contou que a pobre Willow correu na direção oposta assim que ele entrou e foi se esconder sob a mesa da cozinha. Apesar de seus esforços, a cadelinha tímida se recusara a mover um músculo.

— Precisamos de um cachorro que tente subir na mesa, Rob, não que se esconda debaixo dela — eu disse, triste, riscando o nome de Willow da lista.

Nossa busca não estava dando muitos frutos. Em três meses, Rob e eu visitamos outros seis spaniels que tinham grande potencial em teoria, mas não cumpriam os requisitos na prática, quer por terem o temperamento errado ou por serem hostis com gatos e outros animais.

Conforme o tempo passava, comecei a duvidar seriamente da minha decisão. O projeto no qual eu investira tanto tempo, inteligência e esforço parecia estar em um beco sem saída.

— A ideia de um cachorro resgatado não parece estar funcionando — lamentei com Sarah certa noite, após voltar para casa depois de outra visita infrutífera. — Para ser sincero, Rob me avisou de que não seria fácil. Talvez seja hora de encarar a realidade e ampliar minhas opções.

— Pode ser — ela respondeu. — Se não tomar cuidado, você poderá ficar esperando um cachorro pra sempre.

Então, convoquei uma reunião com Claire e Rob e sugeri, com relutância, que precisávamos ampliar nossa pesquisa e incluir criadores de boa reputação. Se necessário, o pequeno orçamento que eu designara para o projeto poderia ser usado no cachorro certo.

Em alguns dias, Rob ficou sabendo de Sasha, uma cachorra de pelos claros de uma criadora em Carlisle. Diferentemente das outras candidatas, Sasha se saiu muito bem na primeira avaliação, e o próximo passo seria um intensivo teste de aptidão, que levaria uma semana. Todos os sinais indicavam que Sasha era o animal perfeito, o que me deixou muito animado.

Na segunda-feira seguinte, cheguei ao escritório da MDD, e Rob me recebeu com uma cara decepcionada.

— Más notícias, Colin. Sasha não vem para o teste.

A criadora desistira em cima da hora alegando que sentia enjoos crônicos durante viagens de carro. Eu suspeitei que tinham conseguido um preço melhor ou que havia alguma coisa errada no currículo de Sasha.

Voltamos à estaca zero, o que me deixou arrasado, mas muito mais decidido a conseguir. Como dono do meu próprio negócio e gerente de uma série de projetos, aprendera que atrasos e contratempos eram parte do percurso e que um desfecho satisfatório dependia apenas de esforço.

Naquele mesmo dia, dei uma longa caminhada pela fazenda para esfriar a cabeça e recuperar o entusiasmo.

TEM que haver um cachorro em algum lugar, pensei ao andar ao longo do canal. *Só preciso encontrá-lo.*

Algumas semanas depois, enquanto procurava um labrador desaparecido em New Forest, o meu celular tocou. Era Rob, cuja voz parecia animada.

— Uma pergunta rápida, Colin... Você não desistiu totalmente da ideia do animal resgatado, não é?

— Não, claro que não. É o plano A.

— É que eu estava fuçando na internet e vi uma cachorra de que gostei muito.

— Onde na internet?

— No *Gumtree*.

— No *Gumtree*?!

O site era um popular ponto de venda de cães, e um colega de Rob o avisara sobre uma cocker spaniel preta de cerca de dez meses que estava sendo doada pela terceira vez. Pelo visto, todos os donos haviam tido dificuldade em lidar com seu comportamento rebelde e incontrolável.

— Desculpa se vou parecer negativo, Rob — disse ao ler o anúncio no site —, mas...

— Colin, sei exatamente o que você vai dizer: esse animal vai dar trabalho, mas me dá uma chance. Vou ver a cachorra hoje à tarde e te ligo depois.

— Qual é o nome dela?

— Molly.

Molly. O mesmo nome da cachorrinha falecida de Anna. *É um bom sinal*, pensei.

— Bom, primeiro a má notícia — disse Rob, quando me ligou com as novidades. De ombros caídos, me preparei para outra decepção. — Molly exige muita atenção. Ela foi privada de amor e afeto por muito tempo e sofre de ansiedade da separação. Late como louca quando está frustrada. Rouba comida do prato e dos bolsos das pessoas. É um dos animais mais obstinados, rebeldes e teimosos que já conheci.

— E a boa notícia? — perguntei, desanimado.

— Acho que encontrei nossa cachorra, Colin.

Fiquei de queixo caído.

— Sim, você ouviu certo. — Rob riu. — Molly é incrível. É muito inteligente, tem energia de sobra e é muito segura de si, ou seja, exatamente o que você estava procurando.

Cocei a testa devagar, tentando digerir tudo.

— Não me entenda mal, Colin, ela vai precisar de muito, muito treinamento, mas realmente acredito que Molly seja perfeita.

— É a melhor notícia que tive em séculos — afirmei, me permitindo sorrir de leve.

— No entanto, tem uma coisa que preciso ver com você. É algo em que tenho pensado há muito tempo. Se pegarmos Molly e a trouxermos para a MDD, acho que o certo seria você adotá-la depois do treinamento, independentemente de Molly servir para o trabalho ou não.

— Certo. — Minha mente girava, e eu me esforçava para processar aquele sugestão inesperada.

O começo da vida da pobre Molly fora muito atribulado, e rejeitá-la por não ter sido bem-sucedida seria muito cruel. Ao mesmo tempo, adotá-la sem saber se nos daríamos bem seria uma decisão arriscada, considerando tudo o que Rob dissera, mas eu estava preparado. Passara grande parte da minha vida adulta oferecendo abrigo para animais "problemáticos" e sabia que, com todo o amor e cuidado que tinha a oferecer, eu seria capaz de dar a Molly o lar estável de que ela necessitava, quer se tornasse o meu cão rastreador de gatos ou não.

— Claro, fico com ela. — Imediatamente imaginei Sarah e eu vivendo com diversos spaniels incapazes de localizar gatos perdidos.

Rob disse que queríamos Molly, resolveu a papelada e fez com que ela fosse transferida para a MDD. Como minha casa em West Sussex ficava a duas horas e meia de lá, Molly teve que ficar temporariamente com uma família. Fiquei feliz e mais tranquilo ao descobrir que as rígidas políticas da instituição fazia com que todos os cães em treinamento ficassem acomodados em bons lares para que se sentissem tão seguros quanto possível, o que ajudaria no processo.

— Embora não saibamos muito sobre a história de Molly, o fato de que teve inúmeros donos deve ter afetado seu bem-estar — informou Rob —, então é muito importante que ela se sinta feliz, estabelecida e querida.

Os lares temporários eram oferecidos por cuidadores experientes que encaravam seu papel com muito profissionalismo. Embora pretendessem oferecer um alto padrão em cuidado e atenção, essas famílias eram encorajadas a não se apegarem aos cães, já que eles seriam levados para donos permanentes ou outros responsáveis.

Eu pretendia ir a Milton Keynes assim que Molly tivesse se estabelecido na MDD e na família temporária. No meio-tempo, Rob me mandou uma foto dela por e-mail. Molly tinha pelos pretos e desgrenhados e um olhar desafiador e genioso.

— Olha só pra isto. — Sorrindo, mostrei a foto para Sarah naquela noite. — Ela parece um dos caras do Black Sabbath.

— É um pouco bagunçada, não? — Sarah arqueou as sobrancelhas.

Coloquei a foto de Molly como o fundo de tela do meu celular. Sempre me pegava olhando para ela e sentia um calorzinho por dentro quando a mostrava para meus amigos e minha família.

Mal podia esperar para conhecê-la.

Quando vi Molly pela primeira vez, ela se movimentava pelo terreno do QG da Medical Detection Dogs. Era um prazer observar como ela corria, se agachava e pulava para pegar as bolinhas de tênis verde-limão que os membros da equipe jogavam em várias direções. Mesmo sem conhecê-la, já me orgulhava dela.

— Olha só como Molly é focada. É fenomenal — disse Rob que, como eu, a admirava de longe. — E sua reserva de energia é sem precedentes.

Meia hora depois, entrei no galpão provisório onde finalmente estaria cara a cara com Molly. Eu estava nervoso, como se fosse passar pela entrevista final para uma vaga importante. Minha cabeça começou a latejar, e meu coração, a bater mais forte. Molly e eu tínhamos que encontrar um modo de nos conectar ou as coisas podiam dar muito errado.

De repente, a porta se abriu, e Molly entrou correndo, seguida pela colega de Rob, Astrid, que voltara recentemente de seu trabalho na Alemanha. Fiquei imediatamente impressionado com os olhos brilhantes da cachorra e com o modo seguro como erguia seu reluzente nariz preto no ar. Ela sem dúvida recebera um belo trato desde a foto em que parecia ser do Black Sabbath — seu pelo estava aparado, penteado e brilhante. Molly era toda saúde e felicidade.

— É um animal *fantástico*, Colin — comentou Astrid. Fiquei sabendo que ela já havia passado algum tempo com Molly, fazendo alguns exercícios simples no laboratório de treino, e se apaixonara.

— Me avisa se mudar de ideia quanto a adotá-la. — Astrid piscou para mim. — Eu adoraria ficar com ela.

Molly começou a zanzar, farejando cada canto empoeirado, analisando cada centímetro do espaço, avaliando cada humano. Quando finalmente me notou, empoleirado timidamente em uma cadeira de escritório, parou por um momento e inclinou a cabeça, curiosa.

Quem é você?, parecia perguntar. *Por que está aqui? O que vai trazer pro meu mundo, hein?*

— Olha só isso, Colin. — Rob sorriu. — Acho que Molly está te avaliando.

De propósito, não a chamei nem me agachei para cumprimentá-la. Sabia que os cães eram perceptivos quanto ao comportamento humano e não queria transferir nenhum sentimento de desconforto ou apreensão. Assim, fui objetivo e respondi ao seu olhar com uma série de pensamentos se revirando em minha cabeça.

Muito bem, minha jovem. O que acha? Podemos trabalhar juntos? Está preparada para uma incrível jornada?

Rob e Astrid pareciam entretidos com aquela avaliação mútua.

— Não sei qual de vocês vai tomar a iniciativa — brincou ela.

Molly veio devagar até mim, cutucou a lateral da minha coxa gentilmente com o focinho e, para minha surpresa, pulou habilmente no meu colo.

É, acho que gostei desse cara. Molly acomodou o traseiro numa posição mais confortável. *Creio que posso trabalhar com ele...*

Eu me aproximei, afaguei seu pescoço e olhei para Rob e Astrid, que sorriam como pais orgulhosos.

— Parece que Molly já se decidiu — comentei, sorrindo, enquanto ela se virava para olhar os dois. — E acho que eu também.

Eu finalmente tinha o meu cachorro — eu sabia que era ela. A sensação de alívio era intensa. No dia em que encontrei Molly, voltei para casa sorrindo.

— Você não vai acreditar, Sarah: encontrei o cachorro! — Eu a abracei e dei-lhe um beijo na bochecha. — A busca finalmente acabou. Molly é incrível e, se tudo der certo, um dia vai morar aqui com a gente...

— Legal. Fico feliz — Sarah respondeu, mas não foi totalmente convincente.

Naquela noite, fiz questão de ligar para Anna. Ela seguira o meu progresso de perto e sabia tudo sobre os problemas e as dificuldades que eu tinha enfrentado. Sentia que devia muito a minha amiga, já que fora ela que me apresentara a Claire e Rob.

— Anna, você não vai acreditar! Molly é perfeita. É melhor do que os meus sonhos mais loucos.

— Estou tão feliz por você, Colin! Sei que a MDD vai fazer um trabalho maravilhoso com ela. Eles não concordariam em treinar Molly se não achassem que era o animal certo.

Por meia hora, conversamos sobre a Molly, principalmente sobre sua saúde e em seu bem-estar. Os conhecimentos de Anna eram inigualáveis, e ela me ofereceu conselhos e orientações inestimáveis. Quando desliguei, já tinha feito uma longa lista do que precisava considerar e dos assuntos com os quais teria que me familiarizar.

Finalmente, pensei, me reclinando na cadeira do escritório, *estamos indo a algum lugar...*

Pela duração de seu treinamento — que estava previsto para seis meses —, Molly ficaria na MDD em Milton Keynes e continuaria morando com sua família temporária durante as noites e os fins de semana. Sob a orientação especializada de Rob e Astrid, ela seria ensinada a fazer pareamentos através da exposição a uma série de diferentes cheiros e aprender a discriminá-los. Quanto a mim, podia visitar Molly com frequência para observá-la em ação, receberia um relatório de seu progresso e devia passar um tempo com ela para conhecê-la melhor.

Molly se saiu muito bem na MDD e se adaptou lindamente ao programa de treinamento, mas, depois de alguns meses, começou a apresentar alguns preocupantes problemas de comportamento quando não estava no QG. Desde sua chegada, Molly se afeiçoara muito à Astrid e sofria de ansiedade da separação quando ela se ausentava, e a família com quem ela morava enfrentou enormes problemas em casa. Por ser muito obstinada, Molly começou a pular no sofá, comer o que tinha na mesa e ignorar comandos, ou seja, o mesmo tipo de comportamento que levara sua antiga dona a doá-la. A regressão precisava ser controlada antes que colocasse o projeto inteiro em risco.

— Se ela continuar com problemas de disciplina, não será capaz de trabalhar — falei para Rob. — Precisamos cortar o mal pela raiz. E logo.

Mark Doggett, um especialista em comportamento canino que trabalhava esporadicamente para a MDD, foi selecionado para corrigir a conduta de Molly. Com o intuito de restabelecer algum equilíbrio em sua vida, ela foi morar na casa dele, em West Midlands, com outros dois cachorros. Longe de quaisquer distrações, seria ensinada a controlar seu temperamento e obedecer a rigorosos limites, Sob a orientação da MDD e a partir da excelente base construída por Rob e Astrid, Mark prosseguiria remotamente com o treinamento de pareamento de cheiros.

Essa intensa terapia particular duraria pelo menos três meses, o que significava que a entrega final — quando Molly ficaria comigo permanentemente — teria que ser adiada. Apesar da minha decepção, concordei e procurei ser paciente. Tinha esperado por tanto tempo, que não ia apressar as coisas e arriscar tudo.

A transferência de Molly para outro cuidador estava longe do ideal, mas, quando vi Mark interagindo com ela pela primeira vez, me convenci de que estava em boas mãos. Ele me encorajava a fazer visitas regulares a sua casa em Birmingham e ficava mais que feliz em deixar que eu levasse Molly para dar uma longa caminhada, só nós dois, homem e cachorra. Eu desfrutava de cada momento que passávamos juntos, e cada despedida me parecia incrivelmente difícil.

De início, o progresso de Mark com Molly pareceu lento, e seus relatórios semanais identificavam uma série de problemas.

— Estou tentando identificar as questões que estimulam a desobediência de Molly para abordar o comportamento negativo — ele me disse numa conversa telefônica e explicou que vinha empregando um sistema baseado em recompensas para encorajá-la a agir de maneira positiva. Por exemplo, durante as brincadeiras com seus outros cachorros, Mark pedia que Molly aguardasse sua vez, o que era muito difícil para ela, mas lhe garantia brincadeiras com e sem a bola de tênis.

As regras dentro de casa também eram fundamentais para desenvolver sua disciplina. Molly não podia entrar no quarto do casal, subir a escada ou ficar na cozinha quando estavam preparando uma refeição ou comendo.

Por sorte, no segundo mês, Mark me disse que minha pequena cocker spaniel estava progredindo muito. Ela respondia ao treinamento comportamental e continuava a produzir excelentes resultados nas sessões de pareamento de cheiros, o que permitiu que Claire e Rob estabelecessem uma nova data para a entrega de Molly: o dia 23 de dezembro de 2016, uma sexta-feira.

Antes que eu pudesse levá-la para casa, tínhamos que passar juntos por quinze dias de intensivo treinamento em Milton Keynes. Molly e eu precisávamos provar que formávamos uma equipe eficiente. Se fôssemos reprovados, meu projeto estaria em risco.

Durante esse período crucial, passamos grande parte do tempo em diferentes pontos perto do centro de treinamento e começávamos às nove da manhã em ponto. Mark ou Rob demonstravam cuidadosamente as complexas técnicas de detecção de cheiros para Molly e me ensinavam a fazer buscas simuladas escondendo diferentes amostras de cheiros em diversos ambientes externos. Cada tarefa era mais complicada que a anterior: no começo, pedíamos que Molly detectasse uma única amostra de cheiro em um jardim pequeno, por exemplo, mas, perto do fim, escondíamos o cheiro-alvo em um grande terreno, com duas amostras contrastantes que Molly devia ignorar. Ela completou todas as tarefas com facilidade. Ela atendia aos meus comandos calmamente, e senti minha própria confiança aumentar, pois eu estava sendo observado e avaliado o tempo todo também.

Após cada sessão de treinamento, Molly descansava, e eu me sentava com Rob ou Mark. Eles compartilhavam sua experiência e aumentavam os meus conhecimentos, explicando como os perfis de cheiros podiam ser afetados por meteorologia e topografia, por exemplo, ou destacando as complexidades do sistema olfativo de um cocker spaniel.

Conforme a quinzena progredia, Molly e eu nos tornamos ainda mais próximos. A equipe da MDD ficou comovidíssima com o elo profundo que se estabeleceu e adorava nos ver trabalhando em harmonia. Parecia que nós tínhamos nos tornado uma dupla de detetives daquelas de filmes.

Ao fim de cada dia de treinamento, Molly e eu viajávamos para a casa dos meus pais em Cotswolds, que ficava a quarenta minutos de carro do centro. Eu combinara passar os dias úteis daquela quinzena na casa deles, e os dois estavam loucos para conhecer o mais novo membro da família.

Nossa, estou empolgada!, Molly pareceu dizer ao deixarmos Milton Keynes após nosso primeiro dia inteiro de treinamento juntos na MDD. *Para onde vamos? Quem iremos encontrar?*

Molly foi muito charmosa com os meus pais, mas eles prontamente perceberam que ela seria desafiadora.

— Meu Deus, ela tem bastante energia, não? — apontou minha mãe, enquanto Molly pulava perseguindo a uma bola de tênis novinha. — Sarah sabe no que se meteu?

— Claro — afirmei, sorrindo de nervoso.

No fim da primeira semana, meus pais estavam exaustos — a mudança de ambiente fora difícil para Molly, que deu bastante trabalho. O chão da cozinha deles ficara coberto de pelos pretos, mas eles nem se importaram.

No meio da nossa quinzena de treinamento intensivo, numa noite muito fria de sexta, levei Molly para nossa casa em Cranleigh pela primeira vez. Antes de sua chegada, eu tinha feito algumas adaptações para tornar o ambiente o mais apropriado possível para cães. Transformei uma salinha do térreo no quarto dela, um lugar onde Molly poderia ter um pouco de paz, silêncio e solidão. Além disso, apesar da resistência de Sarah, coloquei diferentes caminhas nos pontos mais quentes da casa, encomendei os petiscos favoritos de Molly e visitei uma pet shop para aumentar o meu estoque de brinquedos para cães.

Disposto a dedicar o máximo de tempo possível a Molly durante sua adaptação, cancelei todas as reuniões ou investigações que exigiam que eu ficasse longe de casa por muitas horas e decidi não sair do país por pelo menos seis meses, já que não desejava me separar dela naquele estágio. Sarah ficou muito decepcionada, pois, nos últimos quatro anos, ela passara a maior parte de fevereiro relaxando ao meu lado na propriedade de um amigo no leste do Caribe.

Minha namorada não ficou muito impressionada quando chegou do trabalho naquela sexta-feira de dezembro. Molly e eu tínhamos passado o dia inteiro em nosso treinamento no interior de Buckinghamshire, então estávamos molhados e fedidos quando ouvi a chave de Sarah na fechadura e seus saltos batendo no piso do corredor.

— Ah, meu Deus, este lugar está *fedendo*! — ela exclamou, de pé à porta da cozinha, impecável em um terninho azul-marinho com blusa creme.

— Oi, amor! — Sorri e apontei para Molly, toda enlameada e deitada sobre minha capa de chuva. — Olha quem está aqui!

Fui dar um beijo em sua bochecha, mas ela recuou, horrorizada.

— Olha só pra vocês dois! — Sarah gritou. — Estão cobertos de lama! E que cheiro é esse?

— Cachorro molhado. Vai passar assim que Molly secar, prometo.

— Essa coisa precisa de um banho. Está muito fedida — Sarah disse, olhando para Molly e depois para mim. — Você também.

Ela deixou a bolsa de couro na cadeira de cozinha e voltou para pendurar o casaco. Minha cachorrinha arteira enfiou o focinho na bolsa e começou a revirá-la, puxando um pacote de lenços de papel, que começou a destroçá-lo alegremente.

— Achei que você tivesse dito que ela era treinada — resmungou minha namorada, horrorizada, apanhando a bolsa.

— Molly é um pouco curiosa, só isso — respondi humildemente, enquanto Sarah saía da cozinha, batendo a porta atrás de si.

Molly inclinou a cabeça para um lado antes de piscar para mim com tristeza. *O que eu fiz de errado? Por que aquela moça não gosta de mim?*

— Não se preocupe, Molls — sussurrei, recuperando os lenços babados. — É tudo muito novo pra Sarah. Não é pessoal. Ela só precisa de um tempo pra se acostumar com você.

Mal consegui descansar naquela noite. Molly choramingava sempre que eu tentava voltar para o quarto para dormir. A equipe da MDD me alertara sobre o que poderia acontecer e recomendara que eu desse muito amor e liberdade enquanto se adaptava ao novo ambiente.

Acabei levando um edredom para o quarto de Molly e deitei em silêncio ao lado de sua cama, acalmando e reconfortando a cachorrinha, até que ela se aconchegasse e fechasse os olhos.

Na semana seguinte, recebi, enfim, permissão para levar Molly definitivamente para casa. Passamos pelas duas semanas de rigorosos testes com louvor e ela estava pronta para ser transferida aos meus cuidados. A MDD estava tomada pelo espírito de Natal, e Molly e eu nos deparamos com um mar de sorrisos e algumas lágrimas ao nos despedirmos da equipe, que encheu a cachorrinha de guloseimas e a mim de torta.

Fomos para o escritório de Claire, que tivera um papel importantíssimo do início ao fim de nossa jornada por permitir o uso de seu centro e de sua equipe e por sugerir Astrid, que aplicara no programa de treinamento único de Molly as mesmas técnicas científicas que haviam funcionado com os cães farejadores da polícia alemã.

— Foi um privilégio participar disso, Colin — afirmou Claire. — Nem preciso dizer que você tem uma cachorra muito especial nas mãos.

Molly levantou a pata para que Claire a apertasse, e acho que vi minha colega enxugar uma lágrima.

— Tchau, Molly. — Claire sorriu enquanto saíamos de seu escritório. — Te desejo toda a sorte do mundo.

Do lado de fora, Rob e Mark conversavam ao lado do enorme campo de treinamento que, nos últimos nove meses, tinha se tornado o parquinho favorito de Molly. Os dois acenaram quando nos viram e riram quando Molly desapareceu sob uma cerca viva e reapareceu com uma bola de tênis velha entre os dentes.

— Sempre que eu assistir ao torneio de Wimbledon, vou pensar em você, Molly. — Rob sorriu, olhando para ela com uma mistura de orgulho e afeto, e um nó se formou na minha garganta.

— Vocês foram incríveis. — Abracei os dois, tentando disfarçar a emoção. — Foram muito além do exigido, sério, e eu não teria conseguido nada disso sem vocês.

— Sua cachorra é excepcional. — Mark se agachou para abraçar Molly. — Uma em um milhão.

— Obrigado por acreditar na gente, Colin — Rob acrescentou. — Foi um prazer trabalhar com vocês dois.

Minutos depois, ao sair com o carro, observei demoradamente aquele fantástico centro de excelência e relembrei os eventos da primavera anterior. Molly e eu tínhamos chegado ali separados, sem saber para onde o futuro ia nos levar. Agora, partíamos como uma equipe para embarcar juntos em uma incrível aventura.

Recebi inúmeros telefonemas de boa sorte durante o caminho de volta para Cranleigh. Muitos amigos e parentes vinham acompanhando o progresso de Molly e ficaram animados ao saber que ela se formara com notas muito altas e estava voltando para casa.

Passávamos por Chiltern Hills quando Sarah ligou para falar sobre a folga de Natal. Tínhamos planejado passá-la com meus pais, irmãos e seus cachorros em um hotel que aceitava animais em Lygon Arms, em Worcestershire.

— Comecei a juntar as coisas de Molly no corredor — ela disse —, mas se acha que vamos viajar no *meu* carro com toda essa parafernália, você está muito enganado.

Ouvi-la chamar Molly pelo nome era um grande avanço, mas eu não tinha ilusões: Sarah ainda precisava ser conquistada.

O céu começava a escurecer, e o trânsito parou. Desliguei o motor, olhei pelo retrovisor e conversei com Molly por uns bons vinte minutos. Contei que ela ia adorar passar o Natal em Cotswolds, e que toda a família Butcher estava louca para conhecê-la. Disse que, depois do ano-novo, eu ia levá-la para o QG da agência, onde ela poderia correr pela grama, brincar entre as árvores e treinar muitas buscas. Falei sobre os cães sem dono de Singapura, sobre Gemini, sobre minha melhor amiga Tina e sobre Tess, Max e Jay, de quem sentia muita falta.

— Mas agora tenho *você*. — Sorri, vendo pelo reflexo do espelho Molly inclinar a cabeça para um lado, atenta. — Você trabalhou tanto, garota, e me deixou muito, muito orgulhoso. Pense só: em algumas semanas, talvez já tenhamos achado nosso primeiro gato desaparecido. Não seria incrível?

Buf-buf-buf-buf, fez seu rabo ao bater contra a caixa de transporte, numa espécie de código Morse canino.

Os carros começaram a andar, e nossa jornada para o sul prosseguiu. Molly e eu estávamos indo para casa.

Prática e treino

Ter Molly definitivamente em casa foi a melhor coisa do mundo. Passamos um Natal maravilhoso em Lygon Arms. Ela foi paparicada pela equipe, pelos hóspedes e por toda a família Butcher e lidou muito bem com a atenção, mas me senti aliviado ao abrir a porta da frente em Cranleigh no ano-novo, pois era hora de dar atenção individual à minha nova companheira.

— Lar, doce lar — eu disse ao ver Molly avançando pelo corredor, cheirando os rodapés.

— Não deixe que ela marque as paredes, Colin — ordenou Sarah, com frieza, antes de ir para o quarto desfazer as malas. — Ah, e você precisa limpar os pés dela.

— Molly tem *patas*, não pés, querida.

— Bom, o que quer que seja, você precisa limpar ou vai sujar o carpete.

Olhei para Molly, que parecia desamparada, tendo sentido a antipatia de Sarah. *Limpei as patas ao entrar, papai. Estou tentando, de verdade...*

Meu filho de vinte anos, Sam, estava conosco naquele dia. Ele ia passar a última semana de férias comigo antes de voltar para a Universidade de Manchester. Sam conhecera Molly na Medical Detection Dogs no outono anterior e estava mais do que disposto a ficar comigo para ajudá-la a se adaptar. Dezembro tinha sido um mês difícil para minha pequena cocker spaniel por causa das mudanças de ambiente e era hora de ela ter um pouco da tão necessária estabilidade.

Sarah, aliviada por escapar do caos relacionado a Molly, voltou ao trabalho, já Sam e eu ficamos em casa para ajudar a cachorra a se adaptar. Ele passou quase a semana toda conversando com Molly na cozinha ou brincando com ela no jardim para aliviar a angústia dela e ajudar a fazer com que se sentisse segura e protegida. Sam e eu sempre nos dedicamos muito a nossos animais de estimação ao longo dos anos, e fiquei muito feliz por perceber que eu passara um pouco do meu amor por animais para o meu filho.

Molly relutava em sair do meu lado naqueles primeiros dias, o que, considerando tudo pelo que tinha passado, não era surpresa. Ela era uma cachorra resgatada que tivera diversos donos e que passara um longo período na MDD, logo, era mais do que esperado que ela tivesse ansiedade de separação. Descobri que sua insegurança se manifestava de muitas maneiras. De manhã, por exemplo, Molly mordiscava minha palma como um filhote mamando na mãe para reforçar nosso vínculo. Eu deixava, porque queria que ela soubesse que eu não seria como seus donos anteriores, que a haviam abandonado. Molly também me seguia constantemente pela casa, pulando nervosa sempre que eu deixava um cômodo e, momentos depois, voltando ao meu encalço. Tudo o que eu podia fazer naquele estágio era tentar acalmá-la. Eu me agachava, evitando movimentos repentinos, e fazia carinho nela, em vez de abraçar (como muitos cachorros, Molly não gostava da sensação de ser apertada).

— Molly, só vou até o corredor pegar a correspondência — eu dizia, em voz baixa. — Volto em duas balançadas de rabo, prometo.

No entanto, ela inevitavelmente vinha atrás de mim, com cara de abandonada. Naquela primeira quinzena, deixei rolar e não me opus. Depois, passei bastante tempo fazendo Molly entender que minha saída de um cômodo não era algo negativo. Se eu fosse fazer café, por exemplo, e Molly estivesse deitada na caminha a alguns passos de distância, eu chamava sua atenção, dizia "fica", e a recompensava com biscoitos antes de abrir a porta lentamente. Em alguns dias, ela se deu conta de que eu não ia deixá-la para sempre. Para ajudá-la a se sentir próxima de mim, forrei cada caminha com uma blusa minha para que o meu cheiro lhe desse uma sensação de segurança.

Basicamente, nosso sucesso como animal de estimação e dono ou como investigadores parceiros dependeria de Molly confiar em mim e compreender que eu não a decepcionaria. Eu não conhecia muito sobre o seu histórico, mas sabia que ela ainda se sentia vulnerável por causa de lembranças ruins. Se eu percebia que ela se amedrontara por um movimento repentino na cozinha ou que estava tremendo porque a porta da garagem tinha batido, eu me aproximava dela para que se sentisse mais segura.

— Tudo bem — eu sussurrava com cuidado, pegando a cabeça dela suavemente. — Você está segura comigo, Molly. Sempre estarei aqui por você. Sempre.

Também introduzi brincadeiras regulares dentro de casa para mantê-la ocupada. Seguindo o conselho de Mark, dividi seus brinquedos em duas caixas: uma continha aqueles que eram reconfortantes para ela, os quais podia manter ao lado da cama para brincar sempre que quisesse e a outra continha os meus brinquedos e ficava guardada fora do alcance de Molly. Esses brinquedos eram usados de acordo com as minhas instruções, e Molly devia respeitar a regra de não pegá-los, não fugir com eles e não estragá-los. Muitas vezes, ela se sentava na cozinha e ficava choramingando naquela direção, mas eu me mantinha firme.

— É uma questão de disciplina — me lembro de Mark ter dito. — Molly é um animal muito teimoso e precisa entender o que é proibido.

Enquanto Molly esteve na MDD, Mark lhe ensinou uma longa lista de comandos individuais que meu filho Sam e eu tivemos que aprender. Mark tinha criado um vocabulário específico só para ela para reverter a desobediência que ela mostrara na casa de sua família temporária. Lá, Molly descaradamente ignorava instruções-padrão como "Senta" e "Deita" e fazia o oposto de propósito. Ela também desenvolveu aversão à palavra "Não", sem dúvida por causa das técnicas flexíveis de disciplina de seus cuidadores e porque aquela danadinha aprendera a amolecer o coração deles.

Seus cuidadores a repreendiam com um firme "Não" sempre que ela pulava para pegar comida da mesa, mas, vendo-a bater as patinhas e choramingar, eles acabavam cedendo e ofereciam um biscoito para agradar, o que fez com que Molly passasse a associar o comando negativo com um resultado positivo, ou seja, para ela, "Não" realmente queria dizer "Sim".

Por isso, antes de entregá-la a mim, Mark decidira reconfigurar o sistema de comando de Molly adicionando e eliminando uma série de palavras. "Não" foi substituído por "A-ahn"; "Senta" virou "Fica"; "Vamos" significava "Pula"; e "Fora" queria dizer quatro patas no chão. Ele também desenvolveu alguns termos para serem usados em exercícios de campo e em buscas reais.

Conversei muito com Mark ao telefone naqueles primeiros dias, louco para compreender os vários hábitos e comportamentos de Molly, incluindo uma peculiaridade que ela desenvolvera pouco depois de Sam voltar para a faculdade. Quase todas as noites, eu e Sarah descansávamos na sala, lendo, assistindo a um filme ou checando e-mails. Assim que nos acomodávamos no sofá, Molly percebia que não era mais o centro da atenção e começava a andar pela casa em um circuito de dois minutos que passava por trás do sofá, pela parede da sala, pela mesa de jantar, pela estante maior, pela frente da tevê, pela lareira, por trás da poltrona de Sarah e finalmente de volta a mim. Como um Lewis Hamilton canino, ela dava cerca de vinte voltas e se jogava na cama. Assim que recuperava o fôlego, ela recomeçava o trajeto e não desistia, independentemente do que eu fizesse.

— Como vou me concentrar no filme? — reclamou Sarah, em uma noite de sábado, ao ver Molly, ofegante, obstruir a tela da tevê pela décima quinta vez. — Isso está me deixando louca, Colin. Você não pode fazer alguma coisa?

Minha sugestão de colocar a tevê na parede foi recebida com um olhar gélido.

—Tá — eu disse, humildemente. — Entendi a mensagem. Deixa comigo.

Na manhã seguinte, liguei para Mark Doggett.

— Molly está tentando chamar a atenção, e acho que sente falta de Sam. Mas tem algumas maneiras de interromper o circuito.

Nas noites seguintes, em vez de me sentar no sofá, onde ela me rondava incansavelmente, fiquei lendo o meu livro com as costas viradas para o radiador ou para a parede da sala de jantar. Minhas pernas esticadas eram um obstáculo físico que quebravam seu comportamento repetitivo e permitiam que eu a distraísse com um brinquedo por alguns minutos. Mark me aconselhara a esconder petiscos ao longo do "percurso" para quebrar o comportamento repetitivo, o que também funcionou. Molly logo se deixava distrair pelo cheiro, tentava localizar os petiscos e, quando conseguia, recebia muito carinho. A intensidade do circuito foi diminuindo até que parou.

— Ainda bem — Sarah suspirou aliviada certa noite, depois de conseguir finalmente assistir a um filme completo sem interrupções, depois de semanas.

Se eu ia controlar uma cachorra com tanta força de vontade como a Molly, precisava estabelecer regras rígidas em casa. Sabia que teria problemas se não estabelecesse leis e definisse parâmetros.

Depois de considerar tudo muito bem e de consultar Mark, decidi dar a Molly liberdade para se locomover pela casa, com algumas poucas restrições. Ela só podia entrar nos dois banheiros para tomar banho e estava proibida de entrar no nosso quarto e no quarto de hóspedes. Passei horas treinando-a para reconhecer aqueles limites e até os deixei mais evidentes por meio de duas faixas largas de *silver tape*, mas Molly era Molly e tentava ultrapassar os limites o tempo todo. Ela ficava deitada no corredor, do lado certo da *silver tape*, a um metro ou mais de distância do nosso quarto, mas quando achava que eu não estava olhando, Molly esticava a pata lentamente para tocar o limite e, pouco a pouco, movia o corpo também.

— Molly! — eu a repreendia, e ela puxava a pata imediatamente, mas, momentos depois, ela já estava colocando seu focinho comprido e escuro na direção da porta. — MOLLY!

Às vezes, era necessário um esforço hercúleo para ficar um passo à frente dela. Observá-la constantemente testar os limites me divertia. Ela era uma malandra muito decidida, e eu sabia que sua segurança durante as buscas dependia de que ela obedecesse e compreendesse os meus comandos. "Não" era "não" (ou, no caso de Molly, era a-anh-a-anh).

Pular no nosso confortável sofá de couro também era proibido, mas isso não impedia Molly de tentar. Ela se aproveitava das noites escuras de inverno ou de quando eu estava assistindo futebol para se esgueirar até o assento. Cinco minutos depois, eu olhava para a esquerda e notava um par de olhos brilhando ao meu lado.

— Fora daí, espertinha — eu dizia, rindo, dando-lhe um leve empurrãozinho.

Eu era muito rigoroso quanto aos hábitos alimentares dos meus cães. Depois que Molly jantava, eu a levava para passear por meia hora. Enquanto eu e Sarah nos preparávamos para comer, ela se acomodava na caminha da sala. Como fiz com todos os meus cães anteriores, eu nunca deixava que Molly me observasse comer e me recusava a dar as sobras para ela. A experiência e a pesquisa me ensinaram que os padrões de comportamento canino muitas vezes se originavam no "encadeamento" — quando o cérebro associava uma série de eventos a um resultado positivo —, o que podia funcionar negativamente.

Por exemplo, se você sempre permitisse que seu cão o observasse cozinhar e comer, depois desse para ele as sobras do seu prato, ele invariavelmente ficaria condicionado a reconhecer a sequência do aroma da comida, o bater de panelas, o ato de pôr a mesa e a visão do dono comendo significava uma recompensa gostosa. Como consequência, o cachorro atormentaria e assediaria você à mesa e imploraria por comida. Isso está longe do ideal, claro, ainda mais quando se convida alguém para jantar ou se prepara um jantar romântico a dois.

Para que Sarah não perdesse a paciência comigo, eu fazia tudo que podia para manter Molly sob controle dentro de casa.

— Molly tem estado bem boazinha e quieta, não acha? — comentou Sarah, depois de uma refeição romântica com entrada, prato principal e sobremesa. A cachorra dormia satisfeita em sua cama, alimentada e com o passeio em dia. Talvez os morangos e o champanhe tivessem amolecido um pouco o coração de Sarah, mas eu tinha certeza de que detectara um leve toque de afeto por Molly.

Não havia como negar que as primeiras semanas de Molly em casa tinham sido bem difíceis. Assim que eu eliminava um traço de comportamento ruim, outro aparecia. Eu vivia ligando para o coitado do Mark ou para a minha amiga Anna para pedir conselhos ou dicas.

Logo encontramos outro obstáculo. A experiência de Molly em áreas urbanas era limitada. Eu desconfiava que passara seus primeiros anos presa em cozinhas e garagens antes de ser transferida à MDD, que ficava em Buckinghamshire, uma área rural. Assim, ela precisava se acostumar com espaços públicos movimentados. Ciente de que não seria fácil, primeiro levei Molly para breves caminhadas pela Cranleigh High Street, depois passei a esticar o trajeto até o centro de Guildford. Eu pesquisava os estabelecimentos que aceitavam cachorros para expô-la cada vez mais a lojas, cafés e restaurantes onde sabia que seria bem-vinda.

De início, Molly ficava superestimulada com as novidades que via, ouvia e cheirava e pulava como uma criança hiperativa que ingerira açúcar demais: corria para cumprimentar cada cliente que entrava pela porta, enrolando a coleira em volta da minha perna quase cortando minha circulação. Descobri que ela tinha aversão a bares e cervejarias. Às vezes, recusava-se a entrar em determinado estabelecimento e, em outras, se mantinha ao meu lado e entrava em pânico se me perdesse de vista. Contei minhas preocupações para o Mark, e concluímos que Molly provavelmente tinha sido passada de um dono a outro em um pub. Deve ter sido uma experiência profundamente traumática, que eu estava disposto a ajudá-la a superar. Precisava que Molly compreendesse que, às vezes, eu teria que deixá-la sozinha, mas sempre voltaria.

Mark e eu criamos uma estratégia para levá-la ao maior número de pubs possível para aplicar algumas técnicas de relaxamento assim que ela entrasse neles. Nas primeiras visitas, Molly me vigiava como um falcão, acompanhando todos os meus movimentos. Aos poucos, ela começou a relaxar e não demorou muito para que ficasse um minuto inteiro sem verificar onde eu estava.

Algumas saídas eram mais bem-sucedidas que outras. Certa tarde de domingo, Sarah e eu decidimos ir a um pub local que aceitava animais, o Wisborough, e levar Molly. Enquanto ambos comíamos, Molly se sentou debaixo da mesa, com a guia bem presa à perna da cadeira de Sarah. Durante a sobremesa, outros clientes e seu setter irlandês se acomodaram em uma mesa do outro lado do salão. Não tínhamos como saber, mas eles haviam trazido consigo um brinquedinho de plástico para manter seu cão ocupado.

Sarah foi ao banheiro no momento em que atendi a uma ligação importante de um cliente. Molly aproveitou a oportunidade para atravessar o salão do pub para tentar pegar o brinquedinho que avistara de longe. Como guia ainda estava presa, Molly saiu arrastando a cadeira de Sarah e fazendo o maior barulho, mas a cor escura de Molly e a iluminação fraca do pub fizeram com que parecesse uma cena de *Poltergeist*.

— Andy, vou ter que te ligar depois — eu disse para o cliente.

Com sua presa firme entre os dentes, Molly voltou, derrubando algumas canecas de cerveja no caminho. Ela largou o brinquedo aos meus pés, o que provocou muitas gargalhadas de outros clientes, mas o proprietário não ficou nem um pouco impressionado. Apareceu momentos depois com esfregão e balde, reclamando dos donos irresponsáveis e dos seus cães incontroláveis.

— Menina má! — repreendi Molly, vermelho dos pés à cabeça, e devolvi o brinquedo a um confuso setter irlandês.

Em uma tarde gelada, Molly fez sua primeira visita à Bramble Hill Farm.

— Algo me diz que você vai amar este lugar, Molly — comentei, olhando pelo retrovisor conforme nos aproximávamos.

Assim que abri a caixa de transporte, Molly disparou pela entrada, espalhando cascalho antes de se lançar no enorme gramado na frente da propriedade. Ela percorreu o perímetro em um galope alegre, saltando sobre poças congeladas, inspirando o ar frio e perturbando um par de corvos. Fiquei observando do pátio e sorri, satisfeito comigo mesmo.

Nos meses seguintes, Molly e eu passaríamos muitas horas em Bramble Hill, e parecia que o lugar dela sempre tivera sido ali.

Com o comando "Vem, Molly", ela voltou para mim com uma cara de "Isso é tão divertido!". Coloquei nela o peitoral de treinamento e a guia.

— Vamos explorar — eu disse, tirando os cristais de gelo de suas patas e limpando as gotículas de água de seus bigodes antes de conduzi-la pelos quinhentos acres da propriedade.

Eu estava ansioso para apresentar minha cachorra para os vários cheiros da vida selvagem que ela precisaria distinguir do cheiro de um gato durante as buscas, então nossa primeira parada foi um campo conhecido como Fox Cover, que abrigava a toca de uma raposa nos meses mais quentes. Molly enfiou o focinho no buraco e deu uma boa farejada, sentindo o fraco odor dos filhotes da estação anterior e dos pequenos mamíferos com que tinham se banqueteado. Passamos por um labirinto de tocas de coelho — que Molly estudou e cheirou com interesse — antes de entrar em uma área de floresta mais densa. Nossa chegada espantou os faisões e as galinholas, que saíram voando.

Como o sol começava a se por, conduzi Molly até o meu lugar favorito na Bramble Hill Farm. O Repouso do Pastor era uma pequena elevação localizada bem no meio da propriedade, onde havia dois majestosos carvalhos que estavam lá há séculos. Com seu ambiente calmo e pacífico e sua vista panorâmica do vale, ele se tornou o meu santuário particular, o lugar que eu visitava para esfriar a cabeça e pensar.

Acomodei-me e apoiei as costas no tronco de um dos carvalhos. Molly, aparentemente cansada, se aproximou e se sentou perto de mim por causa da brisa cortante de inverno. Ficamos observando em silêncio a bela vista por uns bons dez minutos, mas uma movimentação fez Molly se levantar. Senti seus músculos se tensionarem e seu coração acelerar quando um trio de corças saiu de entre as árvores e atravessou o caminho para pastar na relva molhada.

Coloquei meu braço sobre o pequeno corpo de Molly, puxei-a para mais perto e vi dois olhos castanhos amistosos me observando.

— É lindo, não é, Molls? — perguntei, inundado por uma onda de emoção. Eu estava no meu lugar favorito com uma cachorra que desejei ter por muito tempo e sem preocupação nenhuma. Claro que houve dias em que Molly foi muitíssimo desafiadora. Desde que chegara à minha casa, destruíra roupas e móveis e causara alguns pequenos acidentes, mas Molly havia feito um excelente progresso no pareamento de cheiros, e os dias bons superavam em muito os ruins.

Embora Molly e eu ainda tivéssemos muito chão pela frente antes de nos tornarmos uma equipe de verdade, o futuro parecia promissor. Levando tudo em consideração, Molly era algo maravilhoso na minha vida.

A segunda fase do treinamento de campo de Molly, agora comigo, começou efetivamente em meados de janeiro de 2017. Se íamos achar gatos perdidos e oferecer uma esperança genuína aos donos aflitos, eu tinha que ter certeza absoluta de que Molly estava em sua melhor forma antes de começar a trabalhar e antes que eu pudesse obter a tão importante "prova de conceito". Passei horas no escritório criando um programa variado de testes de aptidão, exercícios de habilidade e buscas simuladas, muitos dos quais tinham sido passados por Mark e Astrid na MDD.

— Você precisa ser criativo nas buscas, Colin — Mark me disse na época. — E vê se não esquece que ela é bem esperta.

Ele explicou que, para encontrar a amostra, Molly tentaria primeiro farejar o meu cheiro, para saber onde eu havia passado para esconder a amostra. Para que isso não acontecesse, eu devia andar em diferentes direções enquanto o escondia ou pedir a alguém que o fizesse por mim. Antes que pudéssemos começar as buscas práticas, no entanto, eu precisava de amostras de pelo de gato. No início, pedi ajuda a amigos e vizinhos que tinham gatos, mas ir de porta em porta para pegar pelos das caminhas deles demorava muito.

Foi Sam quem decidiu ligar para o Abrigo de Cães e Gatos de Battersea, no sul de Londres. O mundialmente famoso centro de animais resgatados tinha uma enorme variedade de raças de gatos — precisávamos do máximo possível de amostras — e parecia muito disposto a atender ao meu estranho pedido.

— Fico feliz em ajudar, Colin — o gerente afirmou, sorrindo, quando Molly e eu chegamos.

A ampla e moderna entrada levava a um balcão circular na recepção. Havia prateleiras com brinquedos para cães por todos os lados. Era o paraíso dos cães. Os membros da equipe ficaram surpresos com a docilidade de Molly com relação aos gatos e ficaram curiosos sobre o projeto de rastreamento.

— Se Molly vai achar gatos perdidos, isso quer dizer que um número menor deles vai acabar aqui — disse o gerente, que explicou que alguns gatos chegavam de fora de Londres e acabavam não reencontrando seus donos por não terem microchip.

Molly e eu esperamos pacientemente na recepção enquanto a equipe — usando luvas esterilizadas para evitar contaminação cruzada — visitou alguns gatos do abrigo para colher amostras de pelo e de cheiro, retiradas por meio de panos passados com delicadeza na cara deles. Sacos plásticos foram lacrados e identificados: o saco A era a "amostra-alvo", que eu dividia em duas partes, uma para esconder e outra para apresentar a Molly. O saco B era a amostra "ambiental", que permitiria que Molly distinguisse o cheiro do gato desaparecido dos cheiros de fundo associados com a casa em ele que vivia.

— Não tenho palavras para agradecer — falei, quando o gerente apareceu com uma caixa de sapatos cheia de sacos plásticos.

Deixei uma doação generosa para eles e comprei meia dúzia de caixas usadas para transporte de gatos. Era o mínimo que eu podia fazer.

Na manhã seguinte, pedi a Sam que escondesse uma amostra-alvo em algum lugar na enorme propriedade para fazermos uma "busca cega", ou seja, Molly e eu não teríamos ideia de onde a amostra tinha sido escondida e precisaríamos trabalhar muito bem em equipe para encontrá-la.

Para apresentar Molly à amostra A, que tinha sido transferida para um vidro esterilizado, soltei-a da caixa de transporte e controlei minha linguagem corporal, o tom de voz e as palavras que eu usava, pois ela devia perceber que era hora de trabalhar e não de brincar. Coloquei o "uniforme" de trabalho nela — um peitoral amarelo-neon —, guardei biscoitinhos no meu cinto de utilidades e me agachei a seu lado.

Abri o vidro com cuidado e dei o comando específico que Mark e Astrid tinham me ensinado na Medical Detection Dogs.

"Toma", eu disse, e Molly enfiou o nariz no vidro da amostra, cheirando e fungando por alguns segundos, para que o aroma entrasse em seu sistema olfativo muito aguçado. Ela já havia cumprido aquela rotina centenas de vezes no QG da MDD e parecia animada para voltar à ação.

Com uma voz clara, eu disse "Procura, procura" — o comando para que ela buscasse o cheiro do gato — antes de soltá-la da coleira.

Em quinze minutos, Molly já tinha analisado uma área equivalente a um campo de futebol. Na entrada de um pequeno barracão, ela pousou o corpo no chão no movimento de "Deita", que era sua marca registrada para "encontrei", de acordo com o que tinham lhe ensinado na MDD.

Cumpri minha tarefa, pai, ela parecia dizer, com os olhos fixos nos meus.

— Excelente trabalho, Molly. — Os meus gestos animados a fizeram dar diversos pulos de meio metro (que eu chamava de "superpulos").

Molly devorou sua merecida recompensa, e eu brinquei com ela com sua bola favorita de tênis, que ficava mais careca a cada dia.

Cada sessão de treinamento na fazenda era uma nova experiência de aprendizagem para nós dois. Cada busca tinha um objetivo distinto e fui aumentando sua intensidade e duração aos poucos.

Também comecei a usar gatos de verdade. Antes que pudesse utilizá-la em casos reais de animais perdidos, eu precisava ter certeza absoluta de que Molly se comportaria direito em sua presença e se manteria calma e silenciosa.

— Você se importa se eu pegar Pepper emprestado por algumas horas? — pedi a uma amiga, garantindo que o gato estaria em segurança e que eu não precisaria sequer tirá-lo da caixa de transporte. Então eu escondia o animal em um estábulo ou celeiro para que Molly, saltitante, o encontrasse em seu devido tempo.

Registrei muitas dessas buscas com uma câmera GoPro, que eu prendia ao peito, enquanto me esforçava ao máximo para acompanhar Molly. Eu analisava as filmagens depois, especialmente os pontos positivos que podiam ser repetidos ou nos negativos que deviam ser eliminados por mim e por Molly. Depois, mandava os vídeos por e-mail para Mark, na Medical Detection Dogs, para saber seus comentários. Às vezes ia até Milton Keynes, onde Mark avaliava de perto as habilidades de busca da nossa equipe e tentava resolver quaisquer problemas. Tudo era examinado tão minuciosamente que chegava a ser intimidador, e eu me sentia como um participante de um concurso de dança diante de um jurado especialista.

A taxa de sucesso de Molly era fenomenal. Uma vez, ela encontrou uma amostra de gato no fundo de um buraco na base de uma árvore frutífera, onde tinha caído depois que eu a escondera no alto. Geralmente, a culpa era minha pelas raras ocasiões em que ela não completava o pareamento. Uma vez, misturei as amostras sem querer, e em outra não tinha esterilizado bem o vidro, expondo Molly ao cheiro de dois gatos diferentes. Eu sempre sabia quando tinha alguma coisa errada, porque Molly soltava um ganidinho estranho e se sentava à minha frente, como se dissesse *Anda, pai, faz isso direito...*

Uma solidariedade muito verdadeira começou a brotar entre nós. Molly foi ganhando confiança dentro e fora de casa, e decidi levá-la a alguns trabalhos selecionados. Escolhi lugares que aceitavam cachorros para encontrar os meus clientes e os avisei de antemão que, caso quisessem continuar usando os meus serviços de investigação, teriam que se acostumar com a presença frequente da minha encantadora cocker spaniel. A maior parte deles foi muito tolerante e gentil com Molly, mas tenho certeza de que alguns acharam que eu estava ficando louco.

Molly acabou se tornando um recurso muito útil, uma boa companheira e o equivalente canino do dr. Watson. Se eu precisava vigiar uma casa, um escritório ou um bairro específico, era muito mais fácil passar despercebido com roupas normais e um cachorro. Um detetive particular precisa se tornar parte do ambiente e se misturar ao cenário, e a presença de um cão fofo diminuía muito a probabilidade de levantar suspeitas. Alguns criminosos que gostavam de animais até puxavam papo.

— Qual é o nome dessa moça, hein? — eles perguntavam, se aproximando para fazer carinho em Molly enquanto eu escondia o meu gravador. — Ela é muito comportada.

Sim, eu tinha vontade de dizer. *Tão comportada que eu ouvi todos os detalhes das suas negociações desonestas...*

A presença de Molly sem dúvida me ajudou a derrubar barreiras e a baixar a guarda das pessoas, como aconteceu em um caso relacionado a um divórcio. Um escritório de advocacia me pediu, em nome de seu cliente Henry, para obter a "prova de ocupação" de uma propriedade em Chelsea. Um homem vinha contestando a elevada quantia que era obrigado a pagar à ex-esposa, Olivia, porque suspeitava que ela estava morando com outro homem bastante rico, mas não declarava a renda adicional. Ela, por outro lado, alegava que James, com quem morava, era apenas um "inquilino". Assim, fui destacado para descobrir a verdade.

Fiquei vigiando a casa. Não vi sinal de um inquilino, mas logo descobri que Olivia tinha contratado uma estudante para passear com uma salsicha miniatura chamada Sherbert no Burton Court Park todas as manhãs. Precisamente às oito e meia, a garota prendia o cão, pegava um café em uma barraca próxima, sentava em um banco de madeira e tirava dez minutos de folga.

Certa manhã, Molly e eu estávamos sentados na outra ponta do mesmo banco enquanto a garota tomava seu café. Tudo o que eu tinha que fazer era esperar que Molly tomasse a iniciativa, porque ela não conseguia resistir a cumprimentar alguém. Não demorou muito para que fosse até o outro lado do banco dar um oi.

Boa garota, pensei, vendo-a cutucar a perna da estudante com o focinho. A jovem começou a brincar com ela e me disse que cocker spaniels eram sua raça favorita antes de soltar Sherbet e ir embora. Com o passar dos dias, fomos nos aproximando e, no fim da semana, eu já tinha descoberto que a mulher que a contratara morava com um bem-sucedido administrador de fundos de cobertura que frequentemente ia a Dubai a trabalho. A estudante me contou que ele pagava o aluguel do imóvel e o salário dos três empregados da casa.

Minhas investigações simultâneas revelaram que James era um sujeito sorrateiro e desonesto. Ele estacionava seu Aston Martin novinho em uma rua próxima, tirava o paletó e a gravata, andava até a casa e entrava pelo pátio dos fundos. Na semana seguinte, com Molly ao meu lado, obtive imagens cruciais desse ritual, que copiei em um pendrive e mandei para Henry, juntamente com o relatório da investigação. No dia seguinte, ele me ligou, muito animado com as provas que eu encontrara.

— Nem consigo acreditar — ele disse. — Outra agência de investigação ficou três semanas nisso e não conseguiu descobrir nada. Como você fez?

— Tenho uma parceira brilhante — respondi. — Ela é a melhor do ramo.

— Bom, ela é realmente brilhante. Agradeça-a por mim.

— Claro. — Sorri, dando tapinhas na cabeça de Molly.

Ela também me ajudava com o meu trabalho geral como detetive de animais, muitas vezes agindo como desculpa caso eu estivesse investigando uma instituição fraudulenta ou um canil negligente. Molly também me acompanhava em algumas buscas de gatos, que cresciam em número conforme a temperatura aumentava e mais animais de estimação se aventuravam na rua. Eu não pedia que ela pareasse cheiros ou divulgava suas habilidades especiais aos clientes, porque ainda estávamos em treinamento em Bramble Hill e tínhamos muito a absorver e a aprimorar.

Essencialmente, eu ainda precisava estabelecer parâmetros confiáveis para Molly ou um "envelope operacional". Por exemplo, quão efetiva ela seria ao fazer buscas em áreas construídas e não em terrenos abertos? Ela conseguia trabalhar na chuva ou na neve? De quantos intervalos precisava, com quanto tempo de duração? Junto com outros, esses eram fatores que poderiam afetar sua habilidade de encontrar e parear o cheiro de um gato desaparecido.

De uma coisa eu tinha certeza: o talento único de Molly só poderia ser utilizado quando tanto eu quanto ela estivéssemos prontos, o que aconteceu em algumas semanas. Molly e eu fizemos nossa primeira busca real e localizamos Rusty naquela memorável tarde de fevereiro.

Phillip, Holly e a travessa Molly

Depois de seis semanas da chegada de Molly a Cranleigh, Sarah começou a perceber a dura realidade. Aquela cocker spaniel brincalhona havia se tornado algo permanente, e, num piscar de olhos, tínhamos nos tornado três. A enorme mudança não fora fácil para minha outra metade, pois Molly demandava muita atenção e às vezes incomodava um pouco, como muitos cães resgatados que resistiam à mudança. Assim, eu não podia culpar Sarah por se sentir em segundo plano. Depois do Natal, nossas noites românticas, nossos fins de semana fora da cidade e nossas viagens ficaram para trás, pois minha cachorra nova exigia a minha atenção e ocupava todo o meu tempo livre.

Porém, Sarah reconhecia meu amor por Molly e minha paixão de longa data pelo projeto de rastreamento de gatos, então era muito paciente e compreensiva, apesar das caretas de insatisfação e de admitir que não gostava muito de cachorros. Quando Molly mordeu os saltos de suas botas novas, Sarah nem fez escândalo: só me entregou a nota das que comprou para substituí-las.

Certa noite, estávamos aconchegados juntos no sofá, e Molly mastigava seu brinquedo favorito deitada no tapete, quando eu disse:

— Sei que tem sido difícil pra você, Sarah, e sei que não está feliz com as mudanças.

— Bom, isso é dizer o mínimo — respondeu com um sorriso seco.

— Mas acho que o comportamento de Molly tem melhorado. Ela está se sentindo mais adaptada e tem mordido menos coisas e com menos frequência.

— Hum... talvez...

Baguncei de brincadeira os cabelos loiros e compridos da minha namorada.

— Talvez um dia a gente possa deixar Molly nos meus pais e ir àquele hotel que você gosta em Cotswolds.

— Seria ótimo. — O sorriso dela, no entanto, se transformou lentamente em uma careta quando Molly regurgitou um chumaço de grama mastigada e o cuspiu no tapete.

— Molly, isso é nojento. — Franzi a testa e peguei um jornal para limpar aquela meleca verde-amarelada.

Sarah suspirou e balançou a cabeça. Molly olhou para nós, provavelmente se perguntando o que tinha acontecido.

Sem dúvida, minha cachorra ainda era indiferente para a outra fêmea na casa. Conforme as semanas passavam, observei a forma com que Molly tentava, sem sucesso, abrir caminho rumo ao coração de Sarah, quer seguindo-a pela casa ou olhando-a melancolicamente para tentar fazê-la baixar a guarda. *Tá bom, moça, eu sei que não vou receber a mesma atenção de você que recebo do papai, mas como pode não amar um cão como eu?*

Como o chefe de uma das agências de investigação de animais mais relevantes no Reino Unido, eu estava acostumado a ser contatado pela mídia. Com frequência, os veículos de imprensa me entrevistavam sobre o meu trabalho ou sobre problemas do momento, como o aumento de criadouros ilegais de filhotes ou do roubo de cachorros, por exemplo. Sam e eu às vezes conseguíamos que alguns dos casos de maior sucesso da UKPD aparecessem na imprensa local e em revistas sobre animais de estimação, que publicavam artigos com as fotos dos donos sorridentes e de seus bebês peludos recém-recuperados. Todo o mundo saía ganhando: os meus clientes e seus animais tinham seus quinze minutos de fama, as publicações apresentavam um conteúdo que fazia seus leitores se sentirem bem e o meu negócio aparecia em uma publicidade que era muito útil.

O rádio e a televisão também batiam na minha porta. No começo de 2017, fui convidado para aparecer no programa *This Morning*, da ITV, um dos programas diurnos de maior longevidade e sucesso da Inglaterra, ou seja, eu não podia recusar aquela oportunidade.

— Vamos fazer uma matéria sobre o aumento do roubo de cães no Reino Unido, Colin — a pesquisadora do programa explicou. — Adoraríamos ouvir os comentários e a opinião de um detetive de animais de verdade.

Os apresentadores Phillip Schofield e Holly Willoughby iam me entrevistar no estúdio, e haveria uma entrevista ao vivo com uma antiga cliente, Hayley, cuja chihuahua fora roubada em outubro. Demorou, mas Mouse foi recuperada, em péssimo estado, graças à meticulosa investigação feita pela UKPD.

— Que ótimo — eu disse. — Adoraria participar.

Na véspera da transmissão, pouco depois de voltar de uma busca simulada em meio à lama, recebi outra ligação da pesquisadora. Ela me disse que um dos convidados do programa dera para trás e que, por isso, tinham decidido dar mais tempo à matéria sobre roubo de cães.

— Seu tempo dobrou. Estávamos pensando se você não gostaria de vir com Molly — ela sugeriu. — Ouvi dizer que ela é muito especial. Encontra gatos, não é? Tenho certeza de que os telespectadores vão amar.

Fiquei tão surpreso que só consegui dizer "hum" e "ah" por alguns momentos. Embora o primeiro caso de Molly tivesse causado certo rebuliço no boca a boca, eu não tinha me dado conta de que a notícia de seu talento peculiar já tinha chegado tão longe. Eu queria protegê-la da mídia enquanto acumulávamos mais buscas bem-sucedidas, pois Molly ainda tinha muito a aprender. Apesar de tentar ser discreto, eu já precisara recusar convites de ousados jornalistas locais que haviam ouvido falar de um detetive de animais em Surrey e de sua incrível cocker spaniel. Alguns deles ficaram sabendo de nossa parceria quando a Medical Detection Dogs pediu amostras de pelo de gato para os moradores locais, o que chamou a atenção dos jornalistas.

— O que acha, Colin? — perguntou a pesquisadora. — É possível? Preciso dar uma resposta para o diretor em alguns minutos...

— Ah, tudo bem. — Acabei topando, apesar de talvez não ter sido a melhor escolha.

— Não precisa se preocupar. Já tivemos muitos animais no programa. Estamos acostumados.

Assim que desliguei o telefone, fui dar um banho em Molly, porque ela não podia conhecer Phillip e Holly com aquele cheiro.

No dia seguinte, chegamos cedo aos estúdios da ITV em South Bank e fomos levados imediatamente aos bastidores de *This Morning*. Peguei um café e comecei a conversar com outro convidado, um famoso cirurgião cardíaco que logo se encantou com Molly e pareceu adorar sua história. Dez minutos depois, no entanto, um cão-guia, Luna, e seu treinador entraram e ela quis brincar com Molly, o que era a última coisa que eu queria. Minha intenção era mantê-la totalmente calma antes de entrarmos ao vivo, e Luna estava começando a deixá-la agitada.

— Acho melhor deixar as duas separadas — sugeri para o treinador de Luna quando as duas cachorras latiram uma para a outra. — Estão ficando agitadas demais, não acha?

Por sorte, a hora de Luna entrar no estúdio chegou logo, mas minha cocker spaniel estava hiperativa e eu, bastante estressado.

Cinco minutos depois, um membro da equipe de produção nos levou até estúdio reserva, cujo cenário era idêntico ao do *This Morning* e podia ser usado em caso de dificuldades técnicas ou como área de espera para convidados prestes a entrar ao vivo. Embora fosse um lugar muito mais tranquilo que a claustrofóbica sala anterior, qualquer esperança de acalmar Molly evaporou quando um jovem assistente apareceu com uma caixa cheia de brinquedos.

— Eu... Eu... acho que seria melhor se não mostrasse os brinquedos a ela. Molly vai ficar muito agitada. Vai perder o controle... — gaguejei, deixando a frase morrer no ar ao ver que o estrago estava feito.

O nariz ultrassensível de Molly já identificara o familiar cheiro de ossos de borracha e bolas de tênis, e ela estava preparada para a diversão.

— Não se preocupe, tem bastante espaço pra ela brincar. — O assistente sorriu, ignorando minha cara feia e jogando uma bola pro outro lado da sala. — Já recebemos vários cachorros aqui.

Molly soltou um latidinho animado e correu para pegar sua presa, mas foi impedida pela coleira. Ela então ficou correndo no lugar, como em um desenho animado, esforçando-se para alcançar a bola de tênis novinha a alguns metros de distância. Tive que atraí-la lentamente de volta ao sofá, como se tivesse pescado um peixe gigante.

Nesse exato momento, o diretor de palco entrou, acompanhado de um cinegrafista que trazia o indicador nos lábios em sinal de silêncio. A lente de uma câmera foi enfiada na minha cara e uma voz familiar explodiu no estúdio ao lado:

— Depois do intervalo, vamos conhecer um detetive de animais de verdade e sua cachorra, Molly, que foi treinada para encontrar gatos — disse Phillip Schofield.

Os telespectadores viram então um cinquentão de testa suada e sorriso tenso tentando desesperadamente controlar sua cocker spaniel enlouquecida. Era um começo pouco promissor para nossa aparição na tevê, que ficaria ainda pior — pode acreditar.

— Hora de trocar uma palavrinha com os apresentadores e acomodar vocês no sofá. — Sorrindo, o diretor de palco sinalizou para que o seguíssemos.

Molly não vai ficar no sofá agora, eu queria dizer. *Graças ao seu assistente, minha cachorra está enlouquecida...*

Holly Willoughby foi encantadora. Parecia genuinamente feliz em nos ver e fez questão de me agradecer por ter aceitado levar Molly tão em cima da hora. Phillip, no entanto, não foi tão cordial. Molly continuava agitada e irrequieta porque queria os brinquedos do outro estúdio, e eu mesmo me sentia um pouco estressado, mas ele ficou nos encarando em silêncio e sem expressão enquanto eu conversava com sua colega. Provavelmente, seus anos de experiência o alertavam de que o animal parecia ser muito problemático. Enquanto isso, eu tentava tranquilizar Molly, mas nada surtia efeito sobre a cadelinha travessa.

O intervalo comercial terminou, a música do programa tocou, e entramos ao vivo nas casas de milhões de casas de telespectadores de todo o Reino Unido. Phillip e Holly me apresentaram como um "detetive de animais de verdade" e entraram no assunto do aumento do número de roubos de cachorros, perguntando-me como os telespectadores podiam manter seus animais em segurança. Recomendei não passear com os cachorros à noite ou deixá-los sozinhos no carro ou em centros urbanos. Também enfatizei a importância de treinar os animais para que conseguissem voltar para casa sozinhos e recomendei que os donos ficassem muito atentos a uma série de roubos de uma raça específica.

— ... e sempre entre em contato com a polícia se estiver convencido de que seu cachorro foi roubado — acrescentei. — Eles são obrigados a investigar esses casos.

Os apresentadores então me fizeram perguntas sobre a habilidade de Molly de rastrear gatos. Respondi o mais sucintamente possível, porque era difícil me concentrar enquanto a Molly puxava a coleira com olhos arregalados.

— O que ela quer? — perguntou Phillip, quando Molly começou a choramingar.

— Os brinquedos para cachorro que ficaram nos bastidores — respondi, por entre os dentes cerrados.

— Pode soltar Molly da coleira se quiser — sugeriu Holly. — Ela pode brincar.

— Ah, não, ela não voltaria. — Esbocei um sorriso nervoso. — Ia se perder no estúdio e eu nunca mais a veria de novo.

Eles provavelmente acharam que eu estava exagerando, mas o que não sabiam era que eu raramente perdia Molly de vista. As únicas pessoas que a levavam para passear eram a Sarah, o meu filho e a Sam, da agência. A ideia de Molly correndo solta nos estúdios em South Bank me apavorava.

Prosseguimos com a entrevista. Molly tentava subir no sofá azul em forma de L, quando detectei certa inquietação nos bastidores. Pelo visto, o diretor temia que eu estivesse colocando força demais na forma com que segurava a coleira de Molly, mas eu não estava. Ele tinha medo de que aquilo causasse uma avalanche de reclamações dos telespectadores.

Imagino que uma voz no ponto de Phillip o instruiu a tirar Molly das minhas mãos, porque ele se levantou de repente e pegou a coleira.

— Continuem conversando. Eu cuido de Molly. — Ele sorriu antes de tirá-la do set e do meu campo de visão.

Meu instinto protetor entrou em cena e, por uma fração de segundo, considerei correr atrás de Phillip e exigir que devolvesse minha cachorra, mas então me dei conta de que estava no meio de uma transmissão ao vivo e a única opção era ficar calmo e seguir em frente. Por baixo da minha máscara de tranquilidade, no entanto, eu estava em pânico.

Cadê a Molly?, gritava uma voz na minha cabeça. *Cadê a minha cachorra?* Gelei ao imaginar Phillip acidentalmente deixando a minha preciosa cocker spaniel escapar e se perder no labirinto de corredores ou se prender em um estúdio vazio.

Depois de alguns minutos de tortura, avistei de relance um amontoado de pelos pretos voltando ao estúdio e entrando debaixo do sofá. Phillip, que parecia esgotado, veio em seguida assumir seu lugar ao lado de Holly.

Ufa!, pensei. *Molly está segura.*

— Agora vamos falar com uma cliente de Colin, cujo cão foi alvo de ladrões — disse Phillip.

Uma imagem de Hayley sentada com sua pequena chihuahua nos joelhos em sua casa em Hampshire foi transmitida no estúdio. De maneira emotiva e eloquente, Hayley descreveu o traumático roubo da pobre Mouse e explicou como a UKPD a ajudara a encontrar sua cachorra, a identificar os ladrões e a entrar em contato com eles. O caso dela foi muito perturbador, pois terminou com a cliente tendo que comprar Mouse dos criminosos, que ameaçavam vendê-la em uma feira. Quando a recuperamos, a coitadinha estava quase irreconhecível: muito magra e com o rabo e a mandíbula fraturados. Hayley se desmanchara em lágrimas quando a vira naquele estado deplorável.

Hayley contou sua história horrível à nação em meio à trilha sonora de grunhidos e resfolegadas de Molly, que explorava o fundo do sofá do programa. Como se não bastasse, minha cachorra ainda começou na fuçar a bainha da longa saia salmão de Holly, que soltou uma gargalhada.

— Ela está lambendo o meu pé! — exclamou, contraindo o rosto, enquanto Hayley, que não tinha ideia do que estava acontecendo, parecia fora do sério.

— Molly gostou de você — afirmei e me arrependi imediatamente ao perceber como devia ter parecido bobo.

Molly pulou no sofá e se esgueirou pelo fundo dele, arrastando a coleira atrás de si. Então passou por trás de Phillip e Holly, batendo a cauda preta e comprida no pescoço deles enquanto tentavam ler o teleprompter. Os operadores de câmera e outros técnicos no estúdio estavam rindo, mas eu estava morrendo por dentro. Molly fora anunciada como um cão farejador altamente treinado e profissional, mas lá estava ela, agindo como uma criança indisciplinada e entrando para os anais dos desastres televisivos.

— Juro que ela não faz isso em casa — sussurrei, duvidando que alguém no estúdio fosse acreditar.

— Isso que é roubar a cena — comentou Phillip, antes de encerrar a entrevista. — Muito obrigado, Colin. Foi um prazer receber você — ele disse, mas eu não sabia se estava sendo sincero.

Ao deixar Londres, com Molly dormindo no banco de trás do carro, liguei para Sarah. Uma risadinha foi a primeira coisa que ouvi pelo viva-voz.

— Diga a verdade, Sarah. Foi um desastre, não foi?

— Nem um pouco — ela respondeu quando parou de rir. — Foi ótimo, Colin. Molly estava muito engraçada, e aposto que os telespectadores amaram.

— Tem certeza?

— Claro. Foi como ver uma bela comédia pastelão. Molly era a engraçada da dupla, e você, o sério e correto. Juro, foi impagável.

Passei o resto da viagem para casa pensando naquela manhã bizarra e questionando a minha decisão. Concluí, depois de pensar bem, que devia ter deixado Molly fora dos holofotes. Na verdade, quis exibi-la como um pai orgulhoso e acabei ignorando que, no fundo, ela ainda era uma cachorra resgatada jovem e excitável, naturalmente propensa a se comportar mal. Como muitos animais de estimação, Molly não conseguiria seguir as regras e exigências de um programa de tevê ao vivo, e fora injusto da minha parte esperar qualquer outra coisa dela.

Algumas horas depois, ficou claro que Sarah acertara em cheio. As artimanhas de Molly fizeram sucesso com os telespectadores de *This Morning* e, para minha surpresa, tinham viralizado na internet. Imagens da minha cachorra causando estrago foram adicionadas ao canal do programa no YouTube e ao site do *Sun,* cuja manchete era "Ela está lambendo o meu pé".

Naquela mesma noite, Sarah e eu assistimos à entrevista (passei a maior parte do tempo espiando por entre os dedos, admito). Molly estava esticada no tapete aos meus pés, após uma longa e estimulante caminhada na floresta e uma tigela com sua comida favorita.

— Você é a rainha do show, Molly — elogiei. Ela me encarou com seus olhinhos e levantou uma sobrancelha questionadora, como se dissesse: *Não posso fazer nada se as pessoas me amam...*

Ainda estávamos vendo tevê quando notei que minha cachorra tentava, aos pouquinhos, se aproximar de Sarah. A atitude da minha namorada em relação a ela continuava se alternando entre a tolerância e a ambivalência, mas Molly não pretendia deixar de atacar com seu charme. Tive que sorrir quando a vi descansar o queixo sobre a meia esquerda de Sarah e apoiar a cabeça em seu tornozelo, chegando o mais perto possível antes que Sarah notasse e afastasse as pernas perversamente.

— Anote o que digo: um dia vou ver vocês duas juntinhas neste sofá — brinquei.

— Sem chance — retrucou. — Você pode ficar com essa parte. Prefiro não ter pelo de cachorro na calça, muito obrigada.

Molly voltou para mim, resignada, e se aconchegou no tapete.

Não desista, tive vontade de dizer-lhe. *Sarah vai mudar de ideia, tenho certeza...*

Senti que era importante continuarmos com as buscas imediatamente, porque aumentaria a confiança de Molly e a minha. Quando, algumas semanas depois, Sam recebeu uma ligação sobre um gato desaparecido em East Sussex, fiquei feliz em assumir o caso.

A cliente, Cat Jarvis, trabalhava como assessora de imprensa para a Cats Protection, uma conhecida instituição de caridade, e nos ligara em pânico total e mal conseguia falar. Sam foi capaz de decifrar que Phoenix, um lindo gato-de-bengala, tinha desaparecido quatro dias antes. Esse tipo de caso sempre parecia ocorrer com mais frequência em março, porque as noites começavam a ficar mais quentes e os gatos ficavam fora de casa por mais tempo.

— Ele está preso em algum lugar, tenho certeza — afirmou Cat. — Estou morrendo de medo de que Phoenix não sobreviva.

Felizmente, eu não tinha nada planejado para aquela manhã, então pude dar prioridade ao caso. Normalmente, uma semana normal para nós envolvia cerca de vinte casos novos: alguns tinham urgência, eu os chamava de "via expressa", outros recaíam na categoria "fogo lento". Eu tentava tocar seis investigações ao mesmo tempo e dividia o meu tempo entre elas conforme necessário, mas sempre mantinha algum tempo livre para atender ligações críticas como a de Cat. Também era preciso garantir que Stefan me mantivesse informado quanto ao progresso dos nossos casos comuns, porque muitos deles duravam meses. Em geral, eu trabalhava seis dias por semana, o que não era o ideal.

Sam, Molly e eu fomos até a casa da cliente. Assim que abriu a porta, ela se jogou chorando e tremendo nos braços da minha colega. Embora estivéssemos acostumados a lidar com donos traumatizados, ela estava profundamente aflita, assustada, desgrenhada e pálida — a perda do gato a atingira com força total.

Por ser um caso via expressa, não tive a oportunidade de obter muitas informações da dona. O ideal era conversar por trinta minutos com o cliente para reunir detalhes sobre saúde, alimentação, temperamento, atividades diárias e comportamento em relação a outros animais, o que me ajudava a decidir se pegava o trabalho ou não e a selecionar a melhor estratégia possível. Naquele caso, por exemplo, a falta de contexto implicava que iríamos trabalhar no frio, o que não era minha abordagem preferida, mas, se Phoenix estivesse mesmo preso em um prédio como a dona suspeitava, precisávamos localizá-lo o quanto antes.

Considerando o estado emocional de Cat, teríamos que lidar primeiro com ela antes de descobrir detalhes significativos sobre Phoenix e sobre as circunstâncias de seu desaparecimento. Era em momentos como aquele que minha experiência na polícia entrava em jogo, e eu aplicava exatamente as mesmas técnicas de aconselhamento que eu utilizava lá. Eu dava aos clientes a oportunidade de expressar sua tristeza e seus medos e, depois que eles se livravam do peso, ficavam mais calmos e racionais. Com tato e diplomacia, eu fazia perguntas que me permitiam construir uma imagem da personalidade e das tendências do animal para poder dar início à busca.

O único lado negativo dessa abordagem centrada na pessoa era que, muitas vezes, o cliente transferia suas esperanças e seus medos para mim, o que aumentava a pressão por resultado. "Estou contando com você para acabar com esse pesadelo. Você é minha última esperança" era o que eu mais ouvia.

Foi exatamente o que aconteceu com Cat, que chorou até não poder mais e implorou que eu encontrasse Phoenix. O choque de perder seu gato quase a incapacitara e, por isso, diferentemente da maior parte dos meus clientes, ela não tinha forças nem para cumprir o básico: por mais que tivesse saído batendo de porta em porta, distribuído cartazes e divulgado nas redes sociais, ela o fez de forma muito desorganizada.

— Parece que vamos começar do zero — sussurrei para Sam.

Naquela manhã, decidi começar o trabalho com uma pesquisa e depois sair. Abri o mapa no iPad, encontrei a casa de Cat, destaquei o provável território de Phoenix e identifiquei os jardins e as áreas externas. Também peguei uma amostra do cheiro do gato para Molly para maximizar nossas chances de recuperar o animal. Minha frágil cliente se debulhara em lágrimas ao entregar seu cobertorzinho cheio de pelos.

Cat insistiu em nos acompanhar em nossa busca pelo vilarejo. Nossa primeira tarefa seria ir de casa em casa. Mostramos aos vizinhos uma foto de Phoenix, que tinha manchas castanho-acinzentadas inconfundíveis, e depois perguntarmos sobre seu paradeiro para tentar estabelecer um padrão de comportamento. Como nos meus dias de policial em Farnham, tentei falar com o maior número de vizinhos e testemunhas possível.

— Quando você o viu pela última vez? — eu perguntava. — Você o vê sempre? Em que horário do dia, mais ou menos? Ele tem um cantinho preferido no seu jardim? Você já o viu com outros gatos?

Uma jovem que atendeu à porta de roupão deu uma olhada em mim e depois em Molly e arfou de susto.

— Ah, meu Deus! — ela gritou, antes de correr para a beira da escada. — Garotos, levantem-se! Vocês não vão acreditar em quem está aqui!

Duas crianças sonolentas apareceram de pijama ao lado da mãe e despertaram na hora quando viram a cachorra à porta.

— É a Molly! — gritaram juntos. — A cachorra desobediente!

As crianças e a mãe estavam entre os milhões de expectadores que haviam visto o estrago que Molly causara no *This Morning*. Permiti que fizessem carinho nela por alguns minutos. Molly adorou a atenção. Parecia que sua fama estava crescendo.

— Você vai ter que se acostumar a ficar em segundo plano, Colin. — Sam ria. — Molly é a estrela do show agora.

Assim que a tietagem acabou e as crianças voltaram para o quarto, perguntamos sobre Phoenix.

— Ah, eu conheço esse gato. Ele é uma coisinha linda — disse ela. — Costuma ficar embaixo da cerca viva por uma hora ou mais. Acho que não o vejo desde o fim de semana.

Outros vizinhos fizeram relatos similares, mas ninguém o vira recentemente. Além disso, Molly não detectara nenhum cheiro forte o suficiente em nenhum dos jardins, o que me levou a crer que havia três opções: Phoenix tinha ficado preso, tinha sido transportado acidentalmente para outra área ou tinha morrido, o que eu esperava que não tivesse acontecido.

Depois de uma pausa para o almoço, retomamos a busca. Voltei a apresentar o cheiro de Phoenix a Molly. À medida que descemos a larga avenida cheia de flores, notei que ela ficou um pouco mais animada. Seu trote e o ritmo do balanço do rabo aceleraram quando passamos por uma enorme propriedade com um grande jardim e alguns carros de luxo na garagem.

Ela sem sombra de dúvida identificara o cheiro, então fui até o alto portão preto da propriedade e apertei a campainha. Não houve resposta. Continuei apertando. Foi só quando segurei a campainha por uns bons vinte segundos que alguém finalmente falou comigo pelo interfone.

— Pode, por favor, parar de tocar a campainha? — pediu uma mulher com sotaque. — Os moradores não estão no momento.

— Desculpe, acho que tem algum problema com a campainha. Estamos procurando um gato perdido, e um vizinho o viu correr para o seu jardim.

Não era uma mentira muito bem bolada, mas, às vezes, era o que eu precisava para ter acesso a uma casa.

— Queria poder ajudar, mas não tenho permissão para deixar ninguém entrar. É melhor voltar quando os moradores estiverem em casa.

Eu não ia aceitar um não como resposta e não iria embora sem fazer uma busca no jardim. Molly indicava que Phoenix estava por perto e, se estivesse preso em algum lugar, eu tinha que encontrá-lo imediatamente.

Eu tinha que fazer com que a mulher viesse até o portão, mas não era fácil convencer alguém pelo interfone. Assim, segurei a campainha por mais vinte segundos.

— Pode parar de tocar essa porcaria, por favor?! — ela gritou. — Já disse que você não pode entrar,.

— Não estou tocando — menti, gritando acima do barulho incessante. — Como falei, deve estar com problema. Acho que vai ter que consertar.

— Ah, droga, espera aí. — Então o interfone ficou mudo.

Meu truque covarde funcionara. A porta da frente se abriu, e uma mulher baixa e atarracada apareceu vestida como uma chef de cozinha. Devia ser a cozinheira particular dos moradores.

— Acho que consegui consertar pra você — falei, enquanto ela vinha na nossa direção. — Isto estava prendendo o botão. — E lhe mostrei uma pequena arruela metálica que, por sorte, encontrara na calçada. — Essas crianças... Bom, como eu ia dizendo...

Antes que ela tivesse a oportunidade de ir embora, contei a história do pobre Phoenix e de sua dona aflita, explicando como Molly podia ter detectado o rastro do cheiro do gato. De alguma maneira, consegui convencê-la e ela acabou abrindo o portão.

— É melhor você ser rápido. Os meus patrões estão viajando, mas voltarão esta noite. Eu seria demitida se eles descobrissem.

— Obrigado, você é um amor.

Soltei a coleira de Molly, que disparou pelo gramado. Ela pulou de maneira acrobática, arqueando as costas, puxando o ar, avaliando a origem do cheiro. O meu coração disparou quando ela se desviou para o lado oeste do jardim e correu para a garagem de tijolos. Poucas vezes eu a vira tão focada. Molly tinha uma missão.

Por favor, que Phoenix esteja aqui, disse para mim mesmo, seguindo-a. *E, por favor, que esteja vivo.*

Ao abrir as gigantescas portas duplas da garagem, senti um cheiro forte de urina de gato. Em uma fração de segundo, Molly, trêmula, parou na posição de "Deita", mas, a olho nu, não havia sinal de Phoenix ali. A garagem estava a maior bagunça, do chão ao teto, o que não ajudava em nada. Com Molly parada e em silêncio, como fora treinada a fazer, comecei a mexer nos itens com muita cautela, morrendo de medo de que tudo caísse. Devo ter liberado o cheiro do gato, porque Molly foi para a parte de trás da garagem e repetiu o sinal de "Deita" e também balançou a traseira e arrastou as patas, o que costumava ser um sinal de que tinha certeza. *Garanto que o gato está aqui, pai. Sem dúvida nenhuma...*

Com Cat ao meu lado e Sam e a chef observando, me esgueirei lentamente na direção de Molly, empurrei um saco velho e empoeirado de tacos de golfe para o lado e encontrei Phoenix. A maneira como ele se levantou, arqueou as costas e rosnou de raiva indicava que estava muito bem e muito vivo.

Acho que a cidade inteira ouviu os gritos de alegria da dona.

Em pouco tempo, nós quatro estávamos conversando e rindo, e Phoenix se aninhava nos braços de Cat. Molly, por sua vez, fazia pequenos círculos, ofegante e grunhindo, como se comemorasse. As únicas coisas que faltavam eram fogos de artifício, barraquinhas e uma fanfarra.

Desfechos felizes como aquele faziam com que eu me lembrasse que havia treinado Molly para salvar a vida de gatos, ajudar donos aflitos e reuni-los com seus amados animais de estimação. Esses tinham sido os meus principais objetivos desde o primeiro dia e ver tudo se concretizando era simplesmente maravilhoso.

As notícias das façanhas realizadas por minha brilhante cachorra se espalharam rapidamente da imprensa local a jornais de circulação nacional e recebemos um convite para ir à Crufts, uma exposição de cachorros mundialmente famosa. Foi pedido que representássemos a Medical Detection Dogs — o que era uma honra, claro, considerando tudo o que Claire, Rob e Mark tinham feito por nós —, e seríamos convidados especiais do Natural Instinct, um fabricante famoso de ração para cães.

— Estamos muito felizes por vocês terem vindo — disse uma afetada assessora de imprensa que telefonou para confirmar nosso comparecimento ao evento de três dias no Birmingham's National Exhibition Centre. Ela parecia encantada com nossa história e nos informou que já tinha recebido dezenas de pedidos de entrevista feitos pela imprensa e por emissoras de televisão nacionais e internacionais.

— Na verdade, o Channel 4 entrou em contato esta manhã querendo filmar Molly na Bramble Hill Farm. Perguntaram se você não gostaria de participar de uma conversa ao vivo no estúdio com Clare Balding.

Uma imagem de Molly babando no tornozelo de Holly Willoughby passou pela minha cabeça, mas eu achava que a Crufts, uma importante exposição de cães da Inglaterra, teria uma proposta totalmente diferente. Tinha aprendido muito com minha experiência na TV e iria me certificar de que Molly e eu estivéssemos preparados para a atenção da mídia.

— Pode contar conosco — garanti. — Será uma honra.

No dia da transmissão, Molly e eu viajamos para o norte de Birmingham para encontrar minha grande amiga Anna. Com base na sua enorme experiência em relações públicas e televisão relacionada ao universo canino, ela sugeriu que eu fizesse um *release* detalhando a jornada de Molly de cachorra resgatada a farejadora, incluindo a maneira brilhante como ela encontrara Rusty e Phoenix. A própria Anna distribuiria o *release* para a imprensa antes da exibição. Como não conseguiríamos atender a todos os convites de entrevista para não sobrecarregar a Molly, seria uma boa maneira de manter todo o mundo informado e atualizado.

Resultado: o interesse da mídia por Molly foi incrível. Na Crufts, ela foi tratada como uma celebridade: os repórteres queriam conhecer minha pequena e carismática spaniel, e fomos parados por gente querendo tirar selfies e fotos de Molly ou querendo abraçá-la. Minha cachorra adorou toda a atenção e bajulação.

— Que cachorrinha mais inteligente — comentou uma senhora escocesa. — Tenho três gatos persas em Dundee. Partiria o meu coração se um deles sumisse. Por isso, continue com o bom trabalho, querida.

Íamos falar com Clare Balding às oito da noite, horário nobre no Channel 4, no primeiro dia da Crufts. Ela entrevistaria a mim e à presidente e cofundadora da MDD, Claire Guest. Daquela vez, eu estava determinado a fazer com que Molly se comportasse.

Eu era um grande fã de Clare, que era uma escritora talentosa e ótima apresentadora de tevê, e a achei simpática ao vivo. Clare fez festinha para Molly antes da transmissão e achou graça quando ela tentou roubar a comida que a equipe escondera atrás do sofá.

— Não parei o dia inteiro, estou morrendo de fome. — Clare pegou um sanduíche, e Molly olhou de um jeito pidão.

— Pega aqui, sua gulosa — ofereci, dando a Molly um punhado de seus petiscos preferidos de carne-seca. — Mantenha as patas longe do jantar de Clare.

Vinte minutos antes da transmissão, Molly começou a ficar animada demais, e eu, a suar frio. Por sorte, tinha assistência especializada à disposição. O resto da equipe da Medical Detection Dogs, incluindo Rob e Mark, deixara o estande para acompanhar a gravação, e eles puderam me explicar algumas técnicas simples de relaxamento.

— Leve Molly para dar uma volta longe da multidão, Colin, e converse tranquilamente com ela, o que deve ajudar a diminuir a ansiedade dela. Não se esqueça de que Molly deve estar sentindo a sua tensão, por isso você terá de se manter calmo também.

No fim das contas, a entrevista não poderia ter sido melhor. Clare foi muito profissional, e Molly se comportou de maneira impecável: ficou acomodada ao meu lado no sofá, olhando curiosa para a multidão que tinha ido visitar a exibição e se apertava no estúdio improvisado. Com o programa sendo transmitido para o mundo todo, contei que Molly havia sido resgatada, que dei a ela outra chance de ser feliz e que, em troca, ela me deu seu amor, sua lealdade e seu companheirismo. Investindo tempo, paciência e dedicação, Molly se transformara em um prodígio da detecção de cheiros e também se tornara um animal de estimação muito amado. Clare me manteve muito tranquilo durante o programa, que pareceu mais uma conversa entre amigos que uma entrevista.

— É hora de ver essa cachorra fantástica em ação. — E chamou o vídeo que havia sido gravado na Bramble Hill Farm algumas semanas antes.

Em um monitor próximo, vi Molly cheirar a amostra felina e correr até um celeiro abandonado, localizando em seguida o gato do vizinho na caixa de transporte como ela fora treinada a fazer.

— Uau! — Clare sorria. — Nunca vi nada igual.

Olhei para Rob e Mark, que pareciam muito orgulhosos.

Eu sabia *exatamente* como se sentiam. Nossa Molly era uma estrela.

O resgate de Buffy

Como detetive de animais, eu já havia lidado com centenas de casos de roubo de cachorros. Na última década, infelizmente, eles haviam se tornado um problema colossal no Reino Unido, especialmente pela crescente popularidade das novas raças e aos métodos cada vez mais sofisticados empregados por ladrões impiedosos. Esses roubos produziam enormes ganhos financeiros, quer pelos resgates exigidos dos donos traumatizados ou da seleção de um filhote para cruzamento no futuro. Alguns também sequestravam animais só por maldade ou por disputas relativas à posse deles. De qualquer maneira, era um crime hediondo, cometido por gente que não tinha coração.

Mesmo depois de dezembro de 2016, quando eu e Molly unimos nossas forças, continuei pegando alguns casos de cachorros perdidos de vez em quando. Eu era muito criterioso e só concordava em oferecer os meus serviços se tivesse certeza de que minha segurança, assim como a de Molly e da minha equipe, não seria comprometida. E um caso vai ficar para sempre na minha lembrança.

Em abril de 2017, fui contratado por Renu, uma mulher do Sri Lanka, que me informou que seu filhote de dezessete semanas tinha sido roubado da casa dela em Willesden Green, subúrbio ao norte de Londres. Buffy era uma linda filhote de coton de tulear. Era branca de orelhas marrons e havia sido roubada numa noite de sexta, enquanto

Renu jantava em um restaurante local com o marido, Sachin, e os dois filhos, Harry e Freddie.

Quando eles voltaram para casa, por volta das dez, Sachin se deu conta de que a BMW azul deles não estava na garagem.

— Renu, o carro sumiu — disse o marido. — Devem ter entrado e pegado a chave.

— Ah, meu Deus... Ah, meu Deus... BUFFY! — gritou Renu.

Ela tinha entrado pelos fundos da propriedade e vira que a porta do pátio estava aberta. A caminha em que tinham deixado Buffy estava vazia. Procuraram como loucos, mas não acharam a cachorra, que parecia ter sido o alvo do roubo: o pobre animal se sujara ao fugir para o andar de cima, e uma cama de solteiro havia sido revirada pelos ladrões, talvez para tirá-la de lá debaixo. Os desalmados não apenas tinham levado dinheiro, bolsas, joias e o carro, mas também sequestrado o filhote inocente.

A família ficou completamente arrasada. Buffy havia se tornado praticamente um terceiro filho para Renu e Sachin e uma irmã para os garotos. A ideia de Buffy sozinha, em perigo ou morta era terrível demais. Para piorar, a polícia não foi muito encorajadora. Os policiais que foram verificar a cena do crime no dia seguinte não deram importância à possibilidade de a cachorra ter sido roubada.

— Ela deve ter fugido — um deles afirmou, dando de ombros, tratando o desaparecimento de Buffy como se fosse uma das bolsas de Renu. — Em poucos dias ela vai aparecer no jardim do vizinho.

— Mas ela é tão vulnerável, tão dependente de mim — Renu argumentara inutilmente.

Amigos e vizinhos se uniram, felizmente, para lançar uma campanha para recuperar Buffy nas redes sociais, registraram informações a seu respeito no site DogLost e ajudaram a família a colar cartazes e a distribuir folhetos, o que atraiu a atenção do jornal *Evening Standard*, que publicou a manchete: MÃE DEVASTADA OFERECE RECOMPENSA POR CACHORRA ROUBADA.

A publicidade gerou inúmeros relatos de "um cão branco e peludo" na área de Willesden Green, mas nenhum dos animais era Buffy.

Em maio, a família já começava a perder a esperança, mas, durante uma conversa ao acaso com a criadora de Buffy, Renu descobriu que tinha uma opção.

— O cachorro de um amigo foi recuperado por um detetive de animais de perto de Guildford — ela a informou. — Por que não entra em contato com ele? Você não tem nada a perder...

— Como assim, tipo o Ace Ventura? — Renu perguntou, cética. — Isso é a vida real, não um filme de Hollywood...

Aquilo deve ter ficado na cabeça dela, porque poucas horas depois Renu me ligou.

Molly e eu batemos à porta de Renu na tarde seguinte. Ela era nos convidou a entrar em sua sala, onde seus filhos, Harry e Freddie, estavam sentados.

— Ah, ela é *tããããão* linda — elogiou Harry, o mais velho dos dois, esticando a mão para que Molly pudesse cheirar enquanto seu irmão mais novo ria ao lado dele.

— Tive uma ideia, meninos. Por que não a levam ao quintal para brincar? — Sorri e dei uma piscadela conspiratória para Renu. — Molly precisa esticar as pernas depois de ter passado tanto tempo no carro.

— Sério?! — perguntou Harry, hesitante.

— Claro. — E atirei para ele a bola de tênis favorita de Molly. Eles não precisavam saber que eu a levara comigo por um motivo específico.

Durante a ligação, Renu revelara quão próximos seus filhos eram de Buffy e o quão angustiados ficaram quando ela sumiu. O mais novo, Freddie obrigara a mãe a prometer que não substituiria Buffy por outro cachorro, porque ele também acabaria sendo roubado por "homens maus". A tristeza do garotinho partira o coração da mãe, que esperava que um pouco de terapia canina, cortesia de uma cocker spaniel encantadora, pudesse ajudar no processo de cura.

Quando as crianças já estavam longe, Renu e eu repassamos rapidamente o desaparecimento de Buffy. Ela tentava não chorar.

— É a pior coisa que já me aconteceu, Colin. — Renu balançou a cabeça. — Nem ligo que os ladrões tenham roubado minhas joias e o carro, para ser sincera. Tudo isso pode ser substituído. Mas não consigo aceitar o fato de que levaram minha Buffy. Minha linda cachorrinha. Meu bebê. Quem faria algo assim?

— Pegue um lenço — sussurrei. Testemunhar a dor e o sofrimento dos donos sempre era difícil. Ela estava arrasada.

— Sei que acham que estou exagerando, que é só um cachorro — ela continuou. — Mas essas pessoas não têm animais de estimação. Pensam que amor incondicional é exclusivo dos humanos. Elas não entendem.

Renu também revelou que a ausência de Buffy provocara fortes ataques de ansiedade e depressão e a tornara uma pessoa completamente diferente da que era no passado. Ela própria admitia que vinha sendo um "completo pesadelo" conviver com ela.

— O que está acabando comigo é não saber, Colin — Renu mordeu o lábio. — Não consigo tirar Buffy da cabeça. Ela está sozinha? Está sofrendo? Está morta? É a primeira coisa em que penso pela manhã e a última em que penso à noite, e não poderei descansar até descobrir o que aconteceu com ela.

Ouvi um latido no jardim dos fundos e virei o pescoço para verificar se Molly estava bem. Harry segurava a bola no alto, rindo, provocando-a. Freddie estava encostado na parede com a cabeça baixa e as mãos enfiadas nos bolsos. O meu coração se partiu ao vê-lo. Naquele momento, decidi aceitar o caso. Desde a chegada de Molly, a UKPD tinha se concentrado em encontrar gatos perdidos, mas o caso de Buffy mexera comigo.

Tomei o cuidado de controlar as expectativas de Renu, pois fazia mais de três meses que Buffy sumira, e a as chances de encontrá-la ficavam cada vez menores. Eu também sabia que seria uma investigação dificílima e que ia precisar de sorte. Pelo lado positivo, quando policial, eu resolvera centenas de roubos e minha taxa de sucesso com cachorros perdidos era excelente. Eu também teria minha valente assistente ao meu lado. Embora Molly não tivesse sido treinada para parear o cheiro de um cão, estava mais do que apta a me ajudar com as buscas nas localidades e, como fizera tantas vezes antes, atuaria como chamariz durante as operações de vigilância.

— Considero Molly o meu Watson — eu disse, o que fez Renu abrir um leve sorriso. — E posso garantir que vamos fazer tudo o que pudermos para trazer Buffy para casa.

No dia seguinte, imprimi algumas fotos da cachorrinha perdida e uma leva de cartões de visita com o meu contato. Eu usava um número diferente de celular pré-pago, algo que eu tinha começado a fazer em minhas investigações comuns e que decidira manter como detetive de animais. Infelizmente, nem todas as ligações que eu havia recebido no passado se mostraram úteis ou bem-intencionadas. Às vezes, a pessoa do outro lado da linha ameaçava diretamente o animal que eu procurava ou mesmo a mim, de modo que fazia sentido usar um cartão SIM temporário, que seria destruído logo que a vítima fosse recuperada.

Minha primeira tarefa era tentar confirmar que Buffy não escapara durante o roubo. Com aquilo em mente, percorri as ruas de Willesden Green e falei com tantos moradores locais quanto possível, especialmente aqueles que levavam cães para passear. A presença de Molly facilitava as coisas e consegui ter inúmeras conversas úteis. Ninguém vira a cachorrinha inconfundível na noite do assalto ou desde então. Um vizinho próximo, um senhor de jaqueta com um airedale terrier, foi muito prestativo.

— Passeio com Jerry toda noite entre as nove e as onze e passo pela casa dela — disse ele. — É quase como se estivesse patrulhando: pego sempre as mesmas ruas, no mesmo horário. Tenho certeza de que nunca vi essa cachorrinha correndo por aí.

— Obrigado — agradeci, enquanto os narizes de Molly e Jerry se tocavam. — O senhor ajudou muito.

O testemunho dele e o fato de que ninguém tinha visto aquela cachorrinha tão diferente me convenceram de que os ladrões deixaram a cena do crime levando Buffy. Conforme comecei a construir uma imagem do crime e traçar um perfil dos ladrões, passei a desconfiar que tinha sido um roubo profissional e planejado e não um ataque improvisado. Os ladrões talvez tivessem vigiado a casa por semanas e descoberto que a família saía para jantar às sextas. Seu alvo naquela noite devia ser o carro de Sachin. Quando se depararam com Buffy, perceberam que era um animal caro e decidiram levá-la também. Eu me perguntava se a linda cachorrinha, as bolsas e as joias não tinham sido roubadas para a esposa ou namorada de algum bandido, já que os iPads e *laptops* da casa tinham sido ignorados.

Devido a uma falta de evidências forenses na cena do crime e ao desaparecimento da BMW roubada, a polícia diminuiu gradualmente sua investigação, mas eu não estava preparado para desistir tão cedo e planejava abordar o caso com o rigor e o cuidado merecidos. Disposto a obter o máximo de detalhes possível, fui até o norte de Londres para encontrar o marido de Renu. Nós tomávamos chá em um café que aceitava cachorros, e ele me relatou sua versão dos eventos. Molly se manteve obedientemente sentada ao meu lado, tremendo de excitação toda vez que um cliente entrava e o sino da porta tilintava.

— Tem algo que eu deveria ter mencionado, Colin. Quando o carro foi roubado, o tanque estava praticamente vazio — Sachin disse. — Tenho certeza de que os ladrões precisaram encher o tanque em seguida.

— Termine o chá. — Fiquei animado com aquela informação preciosíssima. — Vamos fazer uma busca.

Com Sachin no banco do passageiro e Molly na caixa de transporte, passei por alguns postos dentro do raio de oito quilômetros da casa da família. Ladrões e golpistas raramente pagavam para abastecer, então pedi a cada gerente que verificasse se não havia registro de uma BMW azul que saíra sem pagar no dia do roubo.

— Sabe que eu acho que me lembro disso? — falou um deles, folheando um caderno A4 até parar na data em questão. — É, isso mesmo. Eles encheram o tanque e pisaram fundo. Eram três homens de cabelos escuros. Dois ficaram dentro do carro, enquanto o outro punha o combustível. Ainda tenho as imagens de segurança, quer dar uma olhada?

— Por favor!

A gravação levantou duas questões importantes. Primeiro: as placas tinham sido removidas, provavelmente para substituí-las por falsas. Isso, junto com o fato de que tinham enchido o tanque, sugeria que os ladrões pretendiam usar o carro por um bom tempo. Segundo: as imagens mostravam três jovens perto dos vinte anos que, na minha opinião, pareciam ser da região do Mediterrâneo ou do Leste Europeu.

O cerco parecia estar se fechando em torno dos criminosos. A única coisa que eu podia fazer era torcer e rezar para que a BMW aparecesse logo, porque só assim chegaria perto de solucionar o caso e descobrir o que acontecera com Buffy.

Quinze dias depois, apesar de continuar distribuindo imagens da cachorra desaparecida e de permanecer muitíssimo atento a tudo o que se passava, não havia ainda pistas ou acontecimentos importantes. Fomos avisados que um animal com a descrição de Buffy tinha sido visto em um parque ao norte de Londres. Fui para lá com Molly e Sam no dia seguinte, mas logo ficou claro que — perdão pelo trocadilho — daquele mato não saía cachorro. O cão era muito mais velho e gordo, se parecia com um maltês e se chamava Poppy.

— Acho que Poppy é *mais ou menos* parecido com Buffy. — Sam deu de ombros.

— Sim, se você estiver usando protetores de ouvido. — Suspirei. — É hora de dar a má notícia a Renu.

Nossa cliente ficou arrasada, o que foi totalmente compreensível porque ela ficara muito otimista em relação àquela pista em particular, mas ela tinha notícias a nos dar.

— Você não vai acreditar, Colin, mas a BMW de Sachin foi encontrada. — Renu explicou que o carro fora abandonado em Stoke Newington depois de um acidente e que fora rebocado para o pátio da polícia. Tinham procurado evidências forenses no carro, mas os investigadores haviam concluído que não havia nada de significativo.

— Agora ele é da companhia de seguros, que deixou que o examinemos também, se quisermos, antes que vá a leilão.

— É uma *ótima* notícia, Renu. Estou a caminho.

Sam levou Molly para casa, e eu fui encontrar Sachin no pátio da polícia, que não que um dos melhores lugares do mundo: os vidros à prova de balas e os letreiros de É PROIBIDO AGREDIR OS FUNCIONÁRIOS

FÍSICA OU VERBALMENTE eram impressionantes e havia brigas e discussões por todos os lados. Sachin arregalou os olhos quando um homem, considerado drogado demais para pegar sua moto Suzuki, fez o maior escândalo ao ser escoltado até o lado de fora por dois policiais.

Depois de passar por uma catraca, fomos levados para o pátio propriamente dito. A BMW de Sachin tinha virado um emaranhado de metal — a batida tinha sido feia.

Enquanto Sachin conversava com o funcionário, investiguei o interior do veículo. Nos meus catorze anos como policial, tinha feito buscas em inúmeros carros roubados e todas tinham produzido evidências cruciais. Era preciso ser muito meticuloso e dividir a busca em quatro passos: porta-malas, capota, exterior e interior.

Quando abri o porta-malas, fiquei surpreso ao descobrir que continha duas rodas novas (provavelmente roubadas) e um galão. Concluí que os ladrões resolveram não se arriscar e passaram a roubar o combustível de outros veículos. As duas rodas extras sugeriam que pretendiam manter o carro por mais um tempo.

A investigação da capota, do exterior e do interior não deu em nada. Parecia que eu estava lidando com criminosos profissionais que tiveram muito trabalho para não deixar evidências forenses que pudessem revelar suas identidades.

Entrei no banco de trás e dei uma boa olhada. Nada.

Vamos, Colin, procure direito, pensei. *Sempre tem alguma coisa...*

Disposto a revirar o carro de Sachin, decidi verificar embaixo do banco. Meu coração acelerou quando senti algo plástico e grudento, que puxei devagar. Mal pude acreditar: era uma notificação de multa com placa, data, horário e, o melhor, local: Stoke Newington, subúrbio do nordeste de Londres.

— É isso! — sussurrei para mim mesmo, comemorando sozinho. Aquela era a grande descoberta pela qual eu vinha esperando, o golpe de sorte que permitiria que minha investigação enfim avançasse.

Como o funcionário estava distraído conversando com o meu cliente, escondi a notificação amarela no meu bolso. Eu devia ter informado a polícia, mas decidi que precisava daquilo mais do que os investigadores.

Sachin ficou radiante. Depois de me despedir dele, comecei a seguir a primeira de muitas linhas de investigação. A verificação da placa falsa revelou que tinha sido clonada de uma BMW idêntica, que ainda estava à venda em uma concessionária em Birmingham, o que confirmou minhas suspeitas de que o roubo fora planejado. Liguei para o gerente, que disse ter ficado perplexo com a enxurrada de multas de estacionamento e convocações judiciais que vinha recebendo das autoridades de Hackney Borough. Devido à lei de proteção de dados, no entanto, ele não podia me enviar cópias.

Pedi que Sachin informasse as autoridades sobre as multas e que perguntasse se ele poderia pagá-las pela internet. Na mosca. Passaram-lhe um número de referência que dava acesso a cinco multas de estacionamento, todas na área de Stoke Newington.

— Acho que posso arriscar um palpite quanto a onde os ladrões moram — eu disse, quando ele me passou os detalhes.

Através da minha rede de contatos, identifiquei e conversei com os guardas de trânsito que haviam emitido as multas. Eles eram obrigados por lei a tirar fotos dos veículos infratores para confirmar o horário e local, o que significou um enorme avanço para nossa investigação. O maior deles veio na forma de duas fotos de dois mecânicos afro-caribenhos que pareciam estar arrumando um veículo a poucos metros de onde a BMW estivera estacionada ilegalmente.

Esses caras talvez sejam as melhores testemunhas disponíveis, conjeturei.

Era hora de sair disfarçado pelas ruas do nordeste de Londres e de contar com a assistência da detetive Molly Butcher.

Stoke Newington é o lar da maior comunidade turca da Europa Ocidental e era muito provável que os homens de aparência mediterrânea vistos no posto estivessem entre eles. Para conquistar a confiança dos moradores e para me familiarizar com o território, achei que seria melhor trabalhar à paisana, então dispensei o agasalho da UKPD, vesti jeans e camiseta, treinei o meu sotaque do norte de Londres e me passei por um cara comum, que passeava casualmente com sua cocker spaniel pela Stoke Newington High Street. Como sempre, a sociável Molly tornou tudo muito mais fácil.

Armado com folhetos da campanha para recuperar Buffy, visitei vários cafés, lojas e casas de apostas, me apresentando como Terry, amigo de Renu.

— A família não quer que ninguém tenha problemas e não pretende envolver a polícia. Eles só querem Buffy de volta — falei para o proprietário de uma barbearia turca, usando a velha técnica da chantagem emocional. — A família inteira está de coração partido, como pode imaginar — eu disse, vendo o barbeiro concordar, compreensivo. — Minha amiga está morrendo de preocupação, e os filhos mal conseguem dormir. Não sei você, amigo, mas eu não sei o que faria se a minha cachorra sumisse.

O homem olhou para Molly, que — como se tivéssemos ensaiado — inclinou a cabeça para um lado e o encarou com um olhar pidão. Meryl Streep teria ficado muito orgulhosa.

— Eu também não. Ficaria muito, muito triste — afirmou ele, com seu forte sotaque. — O meu buldogue francês é tudo pra mim. *Tudo*.

— Exatamente. — Entreguei-lhe um cartão de visita e um folheto. — Por favor, se tiver *qualquer* informação sobre Buffy, me ligue.

Com minha fiel parceira trotando obedientemente atrás de mim, continuei batendo de porta em porta. A maior parte dos moradores e comerciantes que encontramos foram muito prestativos e prometeram manter os olhos bem abertos, mas a ausência de alguém que tivesse visto Buffy no bairro sugeria que ela estava sendo mantida presa, que havia sido levada para outra área ou que tinha morrido. Eu precisava ser realista: sempre havia o risco de que os ladrões decidissem dar um fim em Buffy porque ela os ligava ao crime. Esse era o pior cenário possível, claro, mas eu estava determinado a ser positivo.

— Venha, Molly. — Sorri, rumando para um parque próximo para brincarmos um pouco com a bolinha de tênis. — Este foi um dia muito cheio. É hora de um merecido descanso.

No dia seguinte, levei a coisa para outro nível. Molly e eu visitamos alguns centros comunitários de Stoke Newington, e fixei cartazes em áreas de grande circulação e máxima visibilidade. Também pedi a Sam para imprimir uma foto da BMW de Sachin com a placa falsa, que eu sempre mostrava na esperança de reavivar a memória de alguém. Revelei ser um detetive de animais a alguns funcionários públicos e donos de cafés antes de pedir que espalhassem a notícia.

Minha estratégia era chegar aos ladrões através da comunidade e assim pressioná-los. *Devolvam Buffy e vou embora*, era a minha mensagem. Com sorte, a notícia de que eu estava atrás dos criminosos chegaria até eles.

Do lado de fora de um dos centros comunitários, conversei com uma jamaicana de meia-idade que passeava com um jack russell terrier brincalhão e escandaloso. Mostrei a ela as imagens dos mecânicos.

— Parecem muito com o sr. Wilson e com o filho dele — comentou, dando um puxão forte na guia do cachorro, que se aproximava de Molly. — Eles consertam muitos carros por aqui, incluindo o do meu marido. O sr. Wilson é um homem bom, tenho certeza de que ficará feliz em ajudar. Vou te explicar como chegar lá...

Chegando à oficina, me deparei com uma barulhenta partida de dominó. Quatro homens afro-caribenhos de meia-idade gritavam, riam, resmungavam e batiam nas costas uns dos outros. Um deles nos notou. Levantei a mão em um gesto que indicava que eu podia esperar que terminassem a partida.

Cinco minutos depois, o jogo chegou terminou, e três dos homens foram embora.

— Sr. Wilson? — Entreguei o meu cartão de visita. — O meu nome é Colin Bu...

— O cara que está procurando o cachorro, né? Minha amiga Rosie ligou pra dizer que talvez você desse uma passada.

Na sequência, mostrei a ele todas as evidências fotográficas. O sr. Wilson confirmou que eram ele e o filho nas fotos, e perguntei se havia notado a BMW azul ou, melhor ainda, se tinha feito qualquer conserto nela. O veículo provavelmente tinha sofrido alguns arranhões antes da batida mais recente, expliquei, contando ainda que duas rodas prontas para serem usadas haviam sido encontradas no porta-malas.

Ele tocou os pelos brancos no queixo com o polegar e o indicador e disse:

— Não sei do carro, mas talvez você possa falar com o meu filho. Ele aceita alguns trabalhos dos quais prefiro não me aproximar. — Ele suspirou. — No entanto, algumas pessoas podem ser, digamos, bem persistentes...

O mecânico deixou a indireta no ar, pelo visto não querendo revelar mais detalhes.

— Posso prometer, sr. Wilson, que ninguém vai ter problemas com isso. Os donos de Buffy preferem não envolver a polícia, e o meu trabalho é encontrar animais de estimação, não acusar ninguém.

Minhas garantias pareceram tranquilizá-lo um pouco.

— Andrew está trabalhando lá nos fundos. Vou ter uma conversinha com ele.

Eu ouvi vozes abafadas, e logo Wilson Jr. apareceu. Era uma versão mais alta e mais magra do pai. Andrew se recostou na parede e me encarou, sem expressão.

— Não sei de nada — afirmou.

— Andrew... — o pai o repreendeu.

— Não sei de nada — repetiu. — Posso voltar ao trabalho?

— Olha — eu disse —, acabei de garantir ao seu pai que ninguém vai se dar mal. Tudo o que quero é saber se você esteve em contato com os homens que estou procurando.

Ele baixou os olhos e balançou a cabeça.

— Não sou da polícia. Sou um detetive de animais. Encontro bichos de estimação desaparecidos. Estou trabalhando para uma família que está traumatizada porque sua linda cachorrinha foi roubada.

O rapaz me encarou por alguns segundos, antes de desviar o olhar.

— Você só precisa dar uma ligada pros caras. Diga que estou na cola deles e que, de um jeito ou de outro, vou descobrir o que aconteceu com Buffy.

Silêncio.

— E que, se ela estiver viva, eles precisam entrar em contato comigo ou entregar Buffy para uma instituição.

— Andrew... — a voz o pai pareceu mais severa desta vez.

— Tá bom, tá bom. — Ele ergueu as mãos, irritado. — Os caras me ligaram para trocar as rodas do carro, mas eu não quis saber. Eles se metem com coisas erradas. São problema, mas me disseram que iam me pagar uma grana preta. Não podia recusar, podia?

— Quer dizer que você tem o contato deles? Pode perguntar sobre a cachorra desaparecida?

Andrew pegou um pacote de tabaco e enrolou um cigarro. Deu uma longa tragada e soltou a fumaça para o alto. Eu sabia que ele estava tentando ganhar tempo, mas eu estava pronto para a sua resposta.

— O meu celular quebrou — ele falou, pouco convincente. — Deixei cair e ele se estilhaçou. Não tenho mais o número. Sinto muito.

— Sem problema. — Sorri. — Tenho um programa que recupera dados de aparelhos quebrados. Também posso pedir a um contato que acesse seu celular remotamente.

O rapaz engoliu em seco antes de olhar para o pai. Eu o encurralara, e ele sabia.

— Ligue pra eles, Andrew. Hoje mesmo. — Dei um tapinha em Molly, que se levantou na hora. — Faça a coisa certa. Por favor.

Dois dias depois, Molly e eu estávamos voltado de Sevenoaks, após passar a tarde tentando encontrar um gato raro chamado Andrômeda, quando ouvi uma mensagem de voz que Renu deixara. Ela gritava tão alto que tive que abaixar o volume do alto-falante.

— BUFFY FOI ENCONTRADA! — ela gritou, e uma onda de adrenalina percorreu o meu corpo. — Dois rapazes a entregaram a um centro de resgate de animais em Essex! — Renu mal conseguia falar. — Eles encontraram o chip de Buffy e me ligaram. Sachin e eu estamos a caminho. Nunca achei que esse dia chegaria. Não acreditava que veria Buffy de novo. Muito obrigada, Colin. *Muito, muito obrigada.*

Olhei no retrovisor e notei que Molly se remexia na caixa de transporte, procurando uma posição confortável para dormir na volta para casa.

— Quem diria, detetive Molly Butcher? — Eu sorria. — Parece que finalmente encerramos esse caso.

Soltei um suspiro profundo e aliviado. Aquela tinha sido uma investigação complicada, mas Molly e eu havíamos conseguido.

Assim que voltei a Cranleigh, liguei para o gerente do centro de resgate para obter mais informações sobre o retorno de Buffy. Ele me disse que dois adolescentes tinham levado a cachorra e a deixado sem dizer nada. *Intermediários*, pensei. Provavelmente tinham sido pagos pelos ladrões, que não iam querer que seus rostos fossem registrados pelas câmeras de segurança. Eu transformara Buffy em uma figura tão conhecida em Stoke Newington, que ela passara a ser perigosa demais. Ainda bem que eles não haviam escolhido se desfazer da cachorra de uma maneira mais drástica, porque destruir a "prova do crime" poderia ter sido a opção mais simples e fácil para eles.

Buffy fora entregue para o centro de resgate em péssimo estado. Ela estava com uma infecção horrível no olho e tinha queimaduras causadas por atrito no nariz, o que indicava que ficara presa em uma jaula de metal. Seus pelos estavam emaranhados, ela estava cheia de pulgas e muito abaixo do peso, mas continuava viva — graças a Deus — e, finalmente, fora de perigo.

Deixei Renu e sua família em paz por alguns dias, mas mantivemos contato por mensagem e e-mail.

Fiz uma visita a Willesden Green na semana seguinte. Ver Harry e Freddie correndo no jardim com a cachorrinha feliz, saudável e peluda era lindo de se ver. Virei-me para Renu, que me abriu o mais lindo sorriso e me disse:

— Nunca vou me esquecer do que fez por nós, Colin. Nossa família está completa de novo.

— Eu não teria conseguido sem Molly. — Um tanto emocionado, dei um abraço em Renu antes de me despedir dos garotos.

Quando pus Molly de volta na caixa de transporte, ela cutucou o meu braço delicadamente com o focinho e me olhou, preocupada, como se dissesse: *Está tudo bem, pai? Seus olhos parecem tristes...*

Eu estava mentalmente exausto. A investigação exigira que eu tomasse iniciativa e demonstrasse força e confiança mesmo que, como Renu, eu tivesse dúvidas sobre sua conclusão. Ainda assim, consegui cumprir minha promessa, e Buffy estava de volta.

Olhei para Molly, que ainda parecia um pouco confusa com o meu comportamento.

— Estou bem, Molls, de verdade. — Cocei atrás de suas orelhas e beijei seu focinho.

O campo florido

Embora as habilidades de farejamento de Molly estivessem progredindo rapidamente, ainda era importantíssimo que mantivéssemos nosso rigoroso programa de treinamento. Sempre havia novas técnicas para aprender e novos esconderijos para descobrir, e três ou quatro vezes por semana eu a levava até a Bramble Hill Farm para demonstrar suas habilidades. Molly frequentemente percebia que íamos ao QG e, enquanto eu preparava tudo em casa, ela ia para a porta da frente e sentava sobre as botas que eu usava no campo.

Às vezes, eu encarregava Molly de tarefas específicas em Bramble Hill, normalmente baseadas em buscas prévias. Por exemplo, eu plantava uma amostra de pelo no alto de uma árvore para replicar o gato perdido que ela encontrara em uma casa na árvore ou a levava a áreas por onde passavam pequenos animais para ensiná-la a se concentrar exclusivamente no cheiro do gato.

Embora o progresso de Molly nos meses anteriores tivesse sido simplesmente fenomenal, era necessário que suas técnicas de farejamento fossem constantemente ampliadas e melhoradas, o que fora enfatizado por Mark, o especialista em comportamento canino que trabalhara de perto com Molly antes que ela fosse para minha casa.

— Você nunca, nunca para de evoluir, Colin — ele me disse no dia em que me entregou Molly. — Cada busca envolve testes e desafios diferentes, e é possível aprender com todas elas, mesmo as decepcionantes.

De fato, Molly e eu tínhamos feito algumas buscas malsucedidas naquela primavera. Em um caso, eu a pusera para trabalhar embaixo de garoa, o que não foi muito inteligente da minha parte. Apesar dos seus melhores esforços, foi impossível parear o cheiro do animal naquela umidade. A busca se mostrou infrutífera, nós ficamos ensopados, e ainda fui embora para casa totalmente desanimado. Em outra ocasião, Molly precisava achar um gato de fazenda chamado Spider. Quando chegamos ao local, descobri que todos os celeiros e estábulos estavam repletos de animais. Sem poder garantir a segurança de Molly, tivemos que ir embora sem entrar em nenhum deles. Eu sabia que, estatisticamente, não dava para localizar todos os gatos desaparecidos, mas, ainda assim, me sentia mal e desconsolado sempre que as coisas não davam certo, mesmo que estivessem além do meu controle. No entanto, eu usava os reveses para aprender mais e treinava por mais horas para compensar.

Certo dia, estava indo para Bramble Hill Farm e Molly estava impaciente, se remexendo e se sacudindo na caixa de transporte.

Vamos, pai..., ela parecia estar dizendo, animada como sempre para se divertir e encher os pulmões de ar fresco. *Estamos chegando?*

O meu telefone tocou, eu atendi e pus no viva-voz:

— Alô, Colin Butcher falando...

Houve uma pausa, então veio o som de vozes abafadas, como se o telefone estivesse sendo passado de uma pessoa para outra.

— Bom dia — cumprimentou-me uma senhora, com uma voz fraca. — Você é o detetive de animais?

— Sim, sou eu.

— É o senhor que tem um cachorro que encontra gatos?

— Isso. — Eu sorri, e Molly choramingou, petulante, atrás de mim.

— Acho que preciso da sua ajuda. Ouvi falar sobre o senhor e Molly, e os meus colegas aqui da instituição me passaram seu número de telefone. É sobre Chester. Ele sumiu.

O nome da senhora era Margaret. Ela morava no vilarejo de Hawkenbury, em Kent, e seu gato não dava sinal de vida há três longos dias. Chester era um gato tigrado, de dezoito anos, que ficava a maior parte do tempo dentro de casa, então a ausência prolongada não combinava com ele.

— Estou muito preocupada, sr. Butcher. Ele já é bem velho, e estou morrendo de medo de que tenha acontecido alguma coisa.

Margaret explicou que ela e a irmã — ambas com mais de noventa anos — não tinham condições físicas para procurar em seu enorme jardim, e que as inúmeras buscas feitas por outros moradores não deram em nada.

— Eu não vou aguentar — a voz dela falhou. — Só quero que o meu gato seja encontrado, sr. Butcher, e saber exatamente o que aconteceu com ele. Será que o senhor e Molly poderiam ajudar?

— Primeiro, pode me chamar de Colin — falei com delicadeza. — Segundo, tenho certeza de que podemos ajudar de alguma maneira. Peça a um de seus amigos para mandar seu endereço por mensagem, e estaremos aí assim que pudermos.

— Ah, isso seria maravilhoso! — Ela suspirou de alívio. — Era exatamente o que eu precisava ouvir.

Desliguei e me virei para minha incansável cachorra, que, frustrada, grunhia baixinho.

— Mudança de plano, Molls. O treino fica para outro dia. Vamos encontrar Chester.

Peguei minha fiel assistente no caminho (Sam já se acostumara a convocações de última hora para casos urgentes). Depois de atravessar Surrey Hills, chegamos ao vilarejo perto do meio-dia. Tivemos um pouco de dificuldade para localizar a casa de Margaret. Foi só quando vimos uma senhorinha apoiada em um frágil portão de madeira que percebemos que tínhamos chegado. Enquanto eu estacionava, Margaret acenou, animada, abriu o portão e apontou para um caminho longo e sinuoso.

— Margaret?

— Eu mesma. Estou *muito* feliz de ver vocês todos — ela afirmou.

Molly latia entusiasmada e batia o rabo na caixa. Minha cachorra era inteligente o bastante para saber que a voz de um desconhecido em geral indicava que uma busca estava prestes a começar.

— Por que não entra no carro e se acomoda no banco de trás, Margaret? — sugeri. — Estamos bem longe da porta da sua casa.

— Não precisa, obrigada. A caminhada vai me fazer bem. Velhotas como eu precisam se exercitar sempre que possível.

Quinze minutos depois, Sam e eu estávamos apoiados no porta-malas aberto, sentindo o calor do sol e esperando Margaret aparecer. Sentada entre nós, ainda na caixa de transporte, Molly se mostrava cada vez mais animada.

Vamos, vocês dois, minha cachorra parecia estar dizendo. *Me deixem entrar em ação...*

Finalmente, Margaret apareceu no nosso campo de visão.

— Me deixe dar uma olhada na Molly. — Margaret sorriu, se inclinou e olhou dentro da caixa. — Ah, que menina mais *linda*. E muito, muito inteligente, pelo que ouvi dizer...

Molly disparou a grunhir e a balançar o rabo.

— Ah, ela já *ama* você por causa disso. — Dei risada. — Essa madame adora ser elogiada.

— Posso convidar vocês para entrar e para um chá com bolo?

Expliquei para Margaret que, embora Sam e eu fôssemos adorar tomar alguma coisa, Molly teria que ficar no carro até que a busca começasse. Precisávamos ser cuidadosos para não a expor ao cheiro do gato na casa, porque isso poderia sobrecarregar seu olfato e prejudicar a busca.

— Vou deixar o porta-malas aberto para que ela consiga respirar e alguns brinquedos para que possa mastigar. Ela ficará muito bem assim.

— Como for melhor. — E Margaret nos acompanhou até sua enorme casa.

Sentados em sua cozinha antiga, contei tudo sobre Molly à minha cliente. Do outro lado da cozinha, perto de um fogão velho, estavam outros dois gatos, um abissínio e um maine coon, que fingiam estar nos ignorando.

— Esses são Simba e Sandy — disse Margaret, olhando com carinho para os dois. — Devo dizer que os dois estão meio estranhos ultimamente, porque estão sentindo tanta falta do velho Chester quanto eu.

Os três eram gatos de rua, como os outros tantos que Margaret adotara e acolhera ao longo dos anos.

De repente, a porta de mogno da cozinha se abriu, o que fez com que Sandy e Simba fugissem pela portinha dos gatos.

— Você *adota* gatos? — desdenhou uma senhora grisalha. — Que bobagem. Minha irmã *rouba* os gatos dos vizinhos. Ela não consegue evitar. Gosta mais dessas coisinhas do que de mim.

— Ah, pelo amor de Deus, Kathrine. — Margaret balançou a cabeça. — Colin, você já deve supor que essa é minha irmã. Não acredite numa só palavra do que ela diz, por favor.

— Ora, então você é o tal detetive. — Ela sorriu, se aproximando e estendendo a mão magra. — O Hercule Poirot dos animais, é isso?

Ela não era a primeira pessoa a se surpreender com o que eu fazia.

— Bom, espero que não esteja esperando ser pago, meu chapa — Kathrine continuou —, porque não teremos um centavo até o dia em que eu decidir vender este lugar.

— Kathrine! — gritou a irmã, horrorizada.

— Na verdade, estou considerando esta visita um treinamento para Molly — respondi, tentando me controlar. — Fico feliz em ajudar sua irmã, pra ser sincero.

— Bom, provavelmente vai ser uma perda de tempo — ela continuou sendo chata. — O gato estava nas últimas. Provavelmente, teve um treco e morreu ou foi atropelado por um caminhão.

Margaret ficou horrorizada e levou as mãos às bochechas vermelhas. *Que encantadora*, pensei. *Simplesmente encantadora*. Sentindo que eu estava ficando bravo, Sam interveio a tempo:

— Colin, não é hora de você e Margaret saírem para fazer a pesquisa inicial?

Sam sabia que eu gostava de dar uma olhada na área antes para me certificar de que era segura e para identificar o que poderia prejudicar a busca de Molly: prédios abandonados, máquinas enferrujadas e produtos químicos abertos, por exemplo, podiam ser perigosos.

— Enquanto isso, fico aqui com Kathrine — Sam acrescentou com um sorriso seco. Ela imaginara, e com razão, que eu não queria a irmã dominadora se intrometendo.

— Excelente ideia — elogiei.

Ela me contou que Greenlea Hall era uma das maiores propriedades do leste de Kent, formada por áreas gramadas, campos e bosques. Além disso, abrigava diversas construções em péssimo estado e veículos agrícolas abandonados. Se Chester fosse mais jovem, ágil e independente, Molly e eu teríamos muito trabalho pela frente. Naquelas circunstâncias, no entanto, não me parecia que seria necessário cobrir uma área muito ampla. Os meus conhecimentos e a minha experiência sobre o comportamento felino me diziam que, levando em conta a sua idade, suas condições físicas e seu forte instinto caseiro, Chester seria encontrado por perto e logo.

— Levando tudo isso em conta, Margaret, estou confiante de que Chester não se afastou muito — falei para ela.

— Espero que você esteja certo, Colin. Quer ver os jardins? Chester adorava observar o mundo daqui. — Os olhos de Margaret brilhavam com as lágrimas. — Ele passeava sob o sol e observava os passarinhos voando, porque era lento e pesado demais para pegar um deles.

Perguntei se podia dar uma olhada dentro da garagem bagunçada, que guardava o Mini Cooper antigo das duas e um arsenal de ferramentas antigas de jardinagem. Ao afastar para o lado duas tesouras velhas de poda que estavam penduradas, avistei um aglomerado de bicicletas enferrujadas, que incluíam desde um triciclo infantil a uma bicicleta para adolescentes.

— Todas pertenceram à minha filha — informou Margaret, melancólica. — Não gosto de jogar nada fora. Eu... Bom... Achei que um dia poderia precisar.

Margaret explicou que Greenlea Hall pertencera a seus pais e que ela e a irmã tinham herdado a propriedade há uns trinta anos.

— Minha irmã pode ser muito direta — Margaret disse.

A relação entre Kathrine e a filha única de Margaret piorara com o tempo, especialmente depois da briga em que a primeira recriminara a segunda de casar com alguém mais pobre que ela.

— Elizabeth mora em Cornwall, agora. Só me visita quando estou sozinha em casa, o que é quase nunca por causa da artrite de Kathrine.

Nós nos comunicamos por telefone e cartas, mas não é a mesma coisa. É como se eu e minha filha mal nos conhecêssemos. É muito triste.

Percebi em sua expressão o mesmo olhar que se instalou no rosto da minha mãe, três décadas atrás, depois que meu irmão David morreu de pneumonia, aos vinte anos, em decorrência de sua leucemia. Meus pais ficaram arrasados, e eu também, porque crescera idealizando meu irmão mais velho, que era tranquilo e descolado e que tinha compartilhado comigo tantas aventuras e tantas paixões... Inclusive por cachorros. Era uma pena que David não tivesse vivido o bastante para conhecer Molly, porque eu tinha certeza de que ele teria adorado a minha cachorrinha.

Margaret e eu continuamos a andar pelo jardim. Protegendo os olhos do sol, examinei a mansão e seus jardins abandonados. Senti uma pontada de pena daquela mulher adorável, cuja felicidade, no fim da vida, parecia vir mais dos animais de estimação do que da irmã.

— É o momento da Operação Amostra de Pelo — eu disse, sorrindo, e ofereci a Margaret o braço para caminharmos de volta até a casa. — E é hora de soltar a adorável Molly.

Fiquei no terraço enquanto Margaret pegava a almofada preferida de Chester, que fora mantida longe de Simba e Sandy como recomendado. Infelizmente, muitos donos de gatos acreditam que colocar a caminha, o brinquedo favorito ou a caixa de areia de um gato desaparecido do lado de fora fará com que ele volte. Na verdade, isso atrai outros gatos, que marcam os itens com seu cheiro e dão ainda mais motivos para o bichano não voltar.

Meu coração disparou quando minha cliente apareceu no terraço com uma almofada grande nas mãos. A princípio, imaginei que fosse feita de pelo de cabra angorá, mas, ao olhar de perto, percebi que estava completamente coberta com os pelos bege de Chester. Tive vontade de comemorar.

— Sou uma das poucas pessoas no país que fica feliz ao ver algo completamente cheio de pelos de gato, Margaret. — Sorri, animado com o fato de que Molly teria as maiores chances possíveis de parear o cheiro e encontrar o bichano.

Usando luvas de látex para garantir que não contaminaria a amostra com meu próprio odor, juntei vários chumaços com uma escova de aço inoxidável e depositei-os cuidadosamente em um dos meus potes de vidro esterilizados. Então pedi a Sam pelo walkie-talkie que trouxesse Molly para o terraço. Como sempre, minha cachorra estava radiante por se reunir a mim e me deu uma bela lambida na cara.

— É hora da busca, Molls — falei, olhando em seus olhos e acariciando sua cabeça preta e lustrosa.

Com um punhado de petiscos de cachorro em um bolso e o walkie-talkie no outro, levei Molly até o box para apresentá-la ao cheiro de Chester. Sempre profissional, minha cachorra já se preparara entrando em um estado muito zen de calma e concentração porque eu, como seu dono e treinador, a ensinara a diferenciar sua vida como animal de estimação de sua vida profissional. No momento em que peguei a amostra e mostrei a ela, Molly soube muito bem que estava no modo trabalho.

Respondendo ao meu comando de sempre — "Toma" —, Molly enfiou o nariz no pote de vidro e inspirou fundo. Após dizer o comando "Procura, procura", com Margaret e Sam ao meu lado, finalmente a soltei da coleira e deixei que corresse livre ao sabor de uma forte brisa de primavera.

Com um latidinho de excitação, Molly disparou pelo gramado amplo. Em poucos segundos, encontrou um rastro. Seu focinho pareceu parar enquanto o resto do corpo continuava, e ela virou noventa graus para a direita na direção do jardim murado.

Quando Molly se concentrou em uma das coníferas maiores no lado leste do jardim, seu comportamento se tornou bizarro. A cada dois passos em frente, recuava um e lançava olhares preocupados para nós. Durante nossas muitas buscas juntos, havíamos aprendido a nos comunicar visualmente. Conhecendo Molly como eu conhecia, percebi imediatamente que ela havia encontrado um cheiro inédito. Enquanto circulava a conífera meio atordoada e desorientada, praticamente pude ler sua mente: *O que está acontecendo, pai? Por que nunca senti esse cheiro?*

O ir e vir errático continuou por alguns minutos, e fui ficando cada vez mais preocupado. Poucas vezes eu a vira se comportar daquele jeito, cada vez mais angustiada e confusa. Sua ansiedade continuava aumentando. Algo a estava incomodando e muito.

— Vou tranquilizá-la um pouco — falei para Margaret e Sam, antes de chamar Molly com três sopros do apito para cachorros, o comando que a fazia parar uma busca e voltar para o meu lado.

— Não se preocupe, Molly. — E a consolei com batidinhas e abraços antes de deixar que se divertisse no campo por alguns minutos. Quando senti que sua agitação diminuíra, decidi recomeçar a busca.

Apresentei novamente o cheiro de Chester à minha cachorra e, ao fazê-lo, senti que o vento diminuíra bastante. De novo, Molly correu para o jardim murado, na mesma direção, mas com um pouco mais de confiança e segurança. Ansiosos, todos a observamos se arrastar sob os ramos pesados que roçavam a grama.

Poucos segundos depois, Molly fez uma entrada dramática e executou o "Deita", parada e em silêncio, com as patas da frente esticadas, a cabeça levantada e os olhos fixos. Era sua marca inconfundível de sucesso.

Encontrei o que estava procurando, ela me dizia. *Fiz o que você me pediu.*

Aquele "Deita" muito enfático e conclusivo me dizia que Molly localizara o cheiro e, portanto, o próprio Chester. Mas sua expressão triste, assim como seu comportamento estranhamente submisso, me revelava que o gato de Margaret não estava mais vivo.

Ajoelhei-me devagar na grama e ergui os ramos pesados. Infelizmente, minhas suspeitas se confirmaram. Deitado de lado e de olhos fechados como se estivesse em um sono profundo e pacífico, estava um gato malhado e gorducho. Definitivamente não havia pulso. Os pelos dele estavam frios e molhados, mas sem sinal de ferimento ou trauma. Eu só podia concluir que o pobre Chester sucumbira à idade avançada e morrera tranquilamente depois de migrar para seu pequeno refúgio. Eu sabia que gatos geralmente associavam sua doença ao ambiente e mudavam de lugar para tentar "escapar" da dor, como fugiriam de um cachorro latindo ou de uma criança violenta.

— Deus te abençoe, Chester — sussurrei, acariciando sua cabeça antes de baixar gentilmente o galho.

Margaret veio até mim, com as mãos no peito.

— Ah, Colin... Molly o encontrou? Meu Chester está bem?

Segurei suas mãos frias e frágeis enquanto Sam nos olhava com tristeza.

— Não é a notícia pela qual você estava esperando, Margaret. Sinto muito.

Ela se jogou nos meus braços, seu corpo inteiro tremia de emoção e suas lágrimas começavam a escorrer.

— Chester, querido! — lamentou Margaret. — Meu menino lindo, lindo...

Passados alguns instantes, olhei discretamente para Sam, que puxou Margaret de lado. Eu compreendia a tristeza da minha cliente, mas tinha que me concentrar em Molly. De canto de olho, notei que ela ficava cada vez mais ansiosa. Molly sentira a decepção de Margaret e a minha seriedade. Como nunca localizara um gato morto antes, estava muito perplexa com as reações negativas. Molly fizera o que lhe fora pedido em apenas dez minutos, sua busca mais rápida. No entanto, aos olhos dela, todos estavam infelizes. Molly, como muitos outros cachorros, era muito sensível às emoções humanas e devia ser perturbador testemunhar tanta dor e sofrimento.

A falta da costumeira recompensa também devia estar confundindo Molly. As circunstâncias eram muito tristes e recompensá-la poderia acabar ofendendo profundamente a minha cliente. Ainda assim, eu sabia que precisava dar a Molly o tratamento "Boa garota" assim que possível, porque eu não podia deixar que minha cachorra associasse o novo cheiro a uma experiência negativa, senão, Molly poderia deixar de indicar um gato morto por medo de chatear um cliente ou a mim.

Por isso, fui com Molly até o padoque para que Margaret, em luto, não nos visse ou ouvisse. Lá, recompensei minha cachorra com gosto, a enchi de elogios e brinquei bastante com ela.

É isso o que eu chamo de diversão, Molly deve ter pensado ao correr atrás da bolinha de tênis, pegando-a habilmente com a boca.

Para mim, foi difícil fingir que estava alegre, para ser sincero. Como um amante de animais e alguém que já tinha lamentado a perda de pessoas e bichos muito amados, a morte de Chester me afetou muito. Fiquei terrivelmente triste por Margaret, mas, por Molly e para preservar nossa rotina, me senti obrigado a manter a calma e seguir em frente.

Fiquei no padoque com Molly até que ela tivesse sido amplamente recompensada e até ter deixado claro que ela não fora punida de nenhuma forma pelo que havia encontrado.

(Essa decisão foi recompensada algumas semanas depois, quando Molly encontrou outro gato perdido, que morrera, provavelmente devido ao ataque de um cachorro. Apesar da conclusão trágica, a dona ficou gratíssima por termos encerrado o que vinha sendo uma experiência profundamente perturbadora para ela. Minha cachorra, para meu alívio, não permitira que o cheiro de morte a distraísse ou atrapalhasse e foi capaz de realizar um pareamento de cheiro bem-sucedido.)

Sam levou Molly para o carro para que pudesse descansar, e eu voltei para o jardim murado para verificar como Margaret estava. A morte de Chester certamente tornara seu mundo um pouco mais solitário, mas eu tinha a impressão de que sua aflição também estava ligada à ausência da filha.

Enquanto Margaret se agachava sob a conífera, fazendo carinho no gato e chorando baixinho, notei Kathrine observando à distância. Senti um aperto no coração. A irmã era a última pessoa que ela precisava ver naquele momento.

— Não me diga que ela está chorando por causa de um gato morto — Kathrine desdenhou, após se aproximar. — Aposto que não vai chorar quando *eu* morrer.

Você não está errada, pensei. *Ela provavelmente vai abrir uma garrafa de champanhe.*

— Você tem que entender que sua irmã está muito, muito triste, Kathrine — eu disse. — Não era o resultado que ela esperava.

— Ela só está sendo dramática. Minha irmã deveria estar no palco. Bom, vou procurar uma pá. O gato tem de ser enterrado logo, antes que empesteie este lugar.

Ela murmurou alguma coisa para si mesma antes de ir em direção de um barracão próximo. Margaret, com as bochechas molhadas pelas lágrimas, parecia horrorizada.

— Não podemos deixar que isso aconteça, Colin — ela lamentou e explicou que a irmã não tinha forças para cavar o solo duro e que provavelmente jogaria Chester numa vala ou numa cova rasa, deixando-o exposto a raposas e texugos. Ela fez uma pausa e me olhou para mim.

— Você poderia tomar conta disso? Poderia encontrar um lugar para o descanso final de Chester? A salvo? Onde eu pudesse visitar meu gato?

Pensei por um momento, e disse que sim. Embora aquilo não fosse exatamente parte do meu trabalho, era o mínimo que eu podia fazer por aquela senhora encantadora. Pelo walkie-talkie, pedi a Sam que distraísse Kathrine (uma tarefa fácil, já que a senhora gostara dela), o que permitiria que eu pegasse a única pá disponível no barracão e a levasse até o jardim. O cabo de madeira estava apodrecendo e a lâmina estava corroída, mas teria que servir.

Envolvi Chester cuidadosamente em um cobertor, e Margaret foi buscar sua caminha preferida. Quando o sol da primavera começou a enfraquecer, saímos pela propriedade em busca do lugar ideal. Passamos por uma área cheia de brinquedos enferrujados, que deviam ser o antigo parquinho de sua filha. Pouco depois, encontramos um campo coberto por um tapete exuberante de flores selvagens em tons de violeta. Margaret acenou tristemente com a cabeça, e eu pus minhas mãos à obra.

A pá de antes da guerra não facilitava meu trabalho, e, de repente, bati em uma raiz. Seu cabo quebrou e um pedaço afiado de madeira entrou no meu dedão. A dor foi tão intensa que meus olhos se encheram de lágrimas, e tive que me controlar para não soltar um monte de palavrões.

Alheia ao meu ferimento, Margaret notou minha expressão sofrida e imaginou que eu tivesse sido tomado pela emoção.

— Sei que é *muito* triste, Colin, mas não chore, por favor — ela sussurrou, me oferecendo um abraço sincero. — Meu Chester está em paz, agora. Você e Molly fizeram um ótimo trabalho.

Aceitei o abraço — como não aceitar? —, e aproveitei para arrancar discretamente a farpa.

Limpei a mão ensanguentada na calça e voltei a cavar. Quando cheguei a uma profundidade aceitável, desci Chester com todo o cuidado antes de cobri-lo de terra. Margaret escolhera uma pedra de formato estranho para marcar o local. Cabisbaixos, ficamos ao lado do túmulo por alguns momentos.

— Vou sentir saudade, Chester, querido — murmurou Margaret. — Você encheu minha vida de alegria.

No caminho de volta de Greenlea Hall, Sam e eu paramos em um pequeno café. Com Molly tirando uma soneca satisfeita aos nossos pés, aproveitamos para refletir sobre aquela tarde movimentada.

— Quando penso a respeito, Sam, posso entender por que Molly pareceu tão confusa no começo da busca. — Dei um gole na espuma do *cappuccino*. — O cheiro de putrefação deve ter distraído a pobrezinha. Ela nunca tinha passado por algo parecido.

Quando o vento cessou e fez com que o cheiro do gato se estabelecesse e ficasse mais concentrado, Molly se sentiu segura para isolar a localização e encontrar Chester.

Nossa conversa passou então para a adorável Margaret, que claramente precisara da nossa presença para encontrar o ponto final de que tanto necessitava.

— Ela precisava de paz de espírito, não acha?

— Com certeza, Sam. E, graças a Molly, ela vai ter.

Ao ouvir seu nome, minha amada cachorra ergueu a cabeça devagar e me encarou.

— Você fez um excelente trabalho — falei com ternura, dando uma apertadinha em sua nuca.

Tenho certeza de que Molly concordou comigo antes de deixar a cabeça cair sobre as patas e voltar a dormir.

A cachorra e a víbora

O verão começou e terminou, e Molly e eu chegamos a um importante marco. Fazia seis meses que estávamos juntos como uma equipe. Nossa jornada cheia de acontecimentos tinha nos levado dos campos de treinamento da Medical Detection Dogs aos gramados verdejantes de Bramble Hill Farm. Desde que aquele anúncio *online* nos unira, Molly e eu havíamos criado um laço indestrutível e compartilhado experiências maravilhosas. Eu passara a amar minha garotinha com todo o coração e não conseguia imaginar a minha vida sem ela.

— Feliz aniversário de seis meses, meu amor — eu disse pela manhã, mostrando uma caixa cheia de bolas de tênis multicoloridas para celebrar a data.

Surpresa, Sarah assistia a tudo.

— Vale lembrar que você não me deu *nada* por te aguentar por seis meses — comentou com um descontentamento fingido. — Ainda bem que não sou ciumenta.

Ela abriu um sorriso muito doce e sincero, o tipo de afeição que eu nunca tinha visto Sarah demonstrar por Molly antes. Demorara *bastante* tempo, mas minha namorada finalmente se apaixonara por Molly.

Na hora do almoço, fomos os três ao House Guards Inn, um pub que aceitava cachorros no South Downs National Park. Eu me lembro de sentar à mesa com minha amada Sarah ao meu lado e minha linda cachorra aos meus pés e de quase me beliscar para ter certeza de que não estava sonhando. Fazia muito tempo que não me sentia tão feliz.

No dia seguinte, quarta-feira, acordei Molly às cinco da manhã para procurar uma gata em Amesbury, em Wiltshire. Tínhamos que começar cedo porque o sul da Inglaterra estava tomado por uma onda de calor, e eu queria encerrar a investigação antes do meio-dia.

O caso envolvia um animal chamado Cleo, uma assustada gata abissínia cor de mel. Sua dona, Isobel, era uma funcionária pública de alto escalão, e seu marido estava na África do Sul, trabalhando como câmera. Naquele mesmo ano, todos os funcionários públicos tinham sido realocados para Amesbury, e a família de Isobel fora uma das primeiras a ocupar uma das novas casas de um enorme conjunto residencial construído especialmente para isso.

Por causa do trabalho e da mudança de residência, Isobel requisitara meus serviços com urgência. Ela explicou que a falta de internet em sua nova casa a impedia de publicar pedidos de ajuda nas redes sociais e que não havia vizinhos suficientes para espalhar a notícia ou colar cartazes. Depois de ler sobre uma das minhas investigações bem-sucedidas em um jornal local, ela decidira ligar.

— Será que você e Molly poderiam vir amanhã? — Isobel perguntou, com o seu sotaque açucarado de Hampshire. — Posso tentar tirar o dia de folga. Sei que está em cima da hora, mas eu ficaria *muito* agradecida. Sinto que Molly é minha última chance de encontrar minha gata.

Apesar de minhas ressalvas relacionadas ao clima, concordei. Isobel claramente estava lidando com coisas demais e, para piorar, perdera a gata, o que me deixou muito mal.

Preocupado com o clima quente, insisti em começar a busca cedo. Não achava que Molly fosse conseguir trabalhar depois da hora do almoço, porque quatro horas por dia eram o limite durante o verão e seis horas quando estava mais fresco. Além disso, ela precisaria fazer a busca em turnos de vinte minutos, com pausas frequentes para descanso e hidratação e, se a temperatura se elevasse demais, eu teria que interromper o trabalho.

— Compreendo totalmente — Isobel garantiu. — Vejo vocês dois amanhã.

Sem trânsito, cheguei a Amesbury pouco antes das sete da manhã. Aproveitei a oportunidade para dar uma volta rápida pela propriedade de Isobel para entender melhor sua organização e geografia. Menos de um quarto das casas estavam ocupadas, e a escassez de árvores e cervas vivas tornavam o lugar sinistro e sem alma. Uma estreita faixa de floresta separava a propriedade de uma movimentada rodovia de mão dupla.

Espero que Cleo não tenha tentado atravessar, não pude deixar de pensar. *Ela não teria sobrevivido.*

Molly e eu fomos recebidos na porta. Recusei o café e *croissants* que ela nos ofereceu, porque queria começar imediatamente.

Quando Molly foi exposta a uma amostra do cheiro de Cleo, nós três começamos uma busca completa e minuciosa na propriedade. Visitamos primeiro as casas ocupadas. A maioria dos moradores, que ainda tomava café ou se arrumava para o trabalho, nos deixou explorar seus jardins ou garagens. Como não encontramos nenhum sinal da gata, passamos para as casas vazias.

Molly verificava os jardins da frente e os gramados dos fundos procurando um rastro, enquanto Isobel e eu olhávamos pelas janelas e portas, mas não encontramos nada.

Conforme a temperatura se elevou ao longo da manhã, a falta de sombra se tornou um problema. Eu parava constantemente para que Molly pudesse fazer um intervalo — ela arfava pesado. Observei com preocupação sua sede enquanto quando ela tomava tigela após tigela de água fresca. Comecei a ter um mau pressentimento quanto à investigação e a desejar ter recusado o trabalho logo de início.

Você não devia fazer Molly se esforçar assim, Colin, disse uma voz na minha cabeça. *Não é justo com ela, é?*

No entanto, como me comprometera com a cliente aflita, me senti obrigado a continuar. Hoje em dia, sei que havia outro motivo. Na polícia, conseguia manter um distanciamento emocional porque especialistas treinados lidavam com as famílias das pessoas desaparecidas. Já como detetive de animais, eu tinha que lidar diretamente com clientes muito angustiados, então minha empatia e compaixão costumavam não me deixar pensar direito.

Eu me arrependi profundamente da minha decisão de insistir na busca por Cleo.

Após três horas de busca, o meio-dia já se aproximava. Decidi então investigar a floresta entre a estrada e a propriedade, na esperança de que as copas das árvores e a luz do sol indireta tornassem o ambiente mais fresco e confortável para Molly.

— Há uma grande chance de que Cleo tenha vindo aqui para explorar — falei para Isobel. — Vamos ver se Molly consegue encontrar o cheiro dela.

Deixei-a totalmente livre, sem nenhuma direção ou instrução da minha parte. Observei-a cheiras os arbustos e espinheiros e a grama e as plantas rasteiras. Em alguns minutos, Molly pareceu detectar um cheiro forte, porque deu voltas e contorceu o corpo. Seguida por mim e Isobel, Molly correu na direção de um buraco no chão. Dentro dele, para nossa surpresa, havia um veadinho de poucos dias, que tremia de medo diante da visão de dois humanos perplexos e um cão intrigado.

— Ah, pobrezinho — sussurrou Isobel.

— A mãe deve ter fugido quando ouviu nossa aproximação — comentei. — Ela vai voltar logo, tenho certeza.

Apesar do pânico, a criaturinha desengonçada parecia bem, então a deixamos lá mesmo para que os pais a encontrassem.

As paisagens, os cheiros e os sons da floresta tinham claramente despertado os sentidos de Molly. Momentos depois, ela disparou atrás de um segundo cheiro. Seus movimentos aleatórios me lembraram de quando ela encontrara o querido Chester morto debaixo de um pinheiro.

Por favor, que não seja outro gato morto, pensei, enquanto Molly se aproximava de um tronco podre caído, e Isobel espiava por cima do meu ombro. A fonte do comportamento errático da minha cachorra era um texugo grande e sem vida, que provavelmente fora atingido por um veículo na rodovia antes de cambalear até o local de seu descanso final.

Senti uma pontada de tristeza pelos animais da região. A rodovia movimentada e o conjunto residencial tinham reduzido sua segurança, isolamento e habitat natural.

O alarme do meu celular tocou, me lembrando de que a busca por Cleo chegara ao limite de quatro horas. Pelo bem de Molly, era hora de arrumar as coisas e partir. Isobel parecia desolada.

— Podemos verificar só mais um lugar, Colin? — ela implorou, lacrimejando. — Vai levar meia hora no máximo, prometo...

Contrariando o meu bom senso, concordei e permiti que Isobel me levasse até uma clareira ali perto. Molly parecia identificar o desespero dela porque, quando a soltei da coleira, ela correu por vinte metros e atravessou um conjunto de arbustos floridos. Eu conseguia ouvir o som do rabo dela batendo contra os galhos, mas não conseguia vê-la. Eu fora muitíssimo negligente. Na MDD, Rob e Mark tinham me ensinado a nunca perdê-la de vista ou deixar que se afastasse muito.

Droga!, xinguei, tentando desesperadamente alcançá-la entre galhos baixos e raízes. Finalmente, encontrei-a escalando um monte de terra. Sua cauda balançava e seu nariz trabalhava como se tivesse detectado outro rastro. De onde eu estava, aquela pequena duna parecia indicativo de toca de raposa.

— Ela parece animada com alguma coisa... — comentou Isobel, esperançosa.

— Infelizmente, não acho que seja Cleo.

Embora não fosse incomum que gatos usassem tocas abandonadas de raposa para se esconder, a ausência do sinal de "Deita" sugeria que Molly não havia encontrado o cheiro correspondente.

Quando eu estava prestes a chamar Molly e a encerrar a busca, ela soltou um uivo ensurdecedor e descomunal, se apoiou nas patas traseiras e caiu para trás.

— Molly... Ah, meu Deus, MOLLY! — gritei, correndo tão rápido quanto minhas pernas permitiam.

Tive que enfrentar a terrível visão da minha cachorra paralisada no chão, com a respiração acelerada e pesada, os olhos vidrados e sem foco. Minha cabeça latejava, mas tentei me manter calmo e lembrar dos primeiros socorros. Ajoelhei-me ao lado dela para verificar se havia sangue ou algum sinal de ossos quebrados, mas encontrei apenas uma substância grudenta perto da região da garganta e um graveto afiado no chão, o que me levou a me perguntar se Molly não teria se furado de alguma maneira.

— Colin, o que houve? — gritou Isobel, correndo para a toca de raposa.

— Não sei, mas é sério — eu disse, com a voz falhando, enquanto pegava, com o maior cuidado possível, o corpo trêmulo e quente da minha cachorra. — Preciso levar Molly imediatamente ao veterinário.

Estávamos correndo para o carro quando Molly começou a hiperventilar e soltou um gemido estranho e baixo. Suas pupilas se dilataram, e seu corpo começou a se enrijecer. Eu a coloquei rapidamente na grama, peguei uma garrafa de água do porta-malas e usei metade para molhar seu corpo e a outra para encher sua boca mole e cheia de baba. Isobel já estava sentada no banco do passageiro e ligava para o veterinário local para avisar da chegada de uma cocker spaniel em péssimas condições.

Foi então que notei um leve inchaço no peito de Molly — perto de onde a substância pegajosa estivera. De repente, me dei conta do que devia ter acontecido.

Uma picada de cobra... Uma picada de cobra venenosa, concluí, e um arrepio subiu pela minha espinha. As víboras eram mais comuns no sul da Inglaterra e, na minha experiência, os campos abertos e as áreas costeiras normalmente eram seu habitat natural, não as florestas.

Molly gritou de dor ao ser colocada no carro e, em um ato reflexo, afundou os dentes na minha mão direita. Apesar de eu mesmo estar em agonia, esperei até que relaxasse o maxilar e me soltasse. Depois de colocá-la delicadamente na caixa de transporte, corri até o veterinário mais próximo, usando as habilidades que aprendera na polícia para cortar o trânsito pesado. Estacionei sobre a linha dupla amarela, porque sentia que era claramente uma emergência.

Deixei Molly no carro com Isobel e corri para a pequena clínica, que tinha um único veterinário disponível.

— Minha cachorra está muito mal — eu disse, quase sem fôlego. — Não sei direito o que aconteceu, mas acho que pode ter sido uma picada de cobra. Ela está com muita dor e talvez esteja ficando paralisada. Pode atender Molly, por favor?

A recepcionista levantou os olhos do computador.

— Você já tem cadastro?

— Hum, não, não moro aqui, então...

Ela me entregou um formulário de duas páginas e uma caneta.

— Pode preencher?

Fui tomado pela raiva.

— Tem que ser agora, pelo amor de Deus?! Minha cachorra está muito mal! Talvez esteja morrendo!

Eu não costumava repreender recepcionistas, mas aquilo era ridículo.

— É o procedimento, infelizmente — ela disse, com uma indiferença que aumentou ainda mais a minha fúria.

— Dane-se o procedimento! Quero que o veterinário veja minha cachorra *agora*, antes que seja tarde demais!

O veterinário, cuja voz eu ouvia encomendando remédios no escritório, saiu para ver o motivo da gritaria. Repeti tudo para ele, que concordou em atender Molly.

— Na verdade, vou pegar uma focinheira antes — afirmou ao ver as feias marcas de mordida na minha mão.

Lá fora, agradeci a Isobel por ter esperado com Molly e lhe dei dez libras para pegar um táxi e buscar a filha. Minha cliente parecia estar morta de vergonha.

— Sinto muito por isso, Colin. Me dê notícias.

— Você também. — Fiquei sabendo depois que Cleo nunca foi encontrada. Provavelmente deve ter tido o mesmo destino que o pobre texugo.

Enquanto o veterinário e eu carregávamos Molly, tonta e ofegante, até a clínica, fiquei horrorizado ao notar que o inchaço no peito dela tinha quase triplicado de tamanho e parecia uma toranja. Eu queria xingar Deus e o mundo. A vida da minha querida cachorra estava em jogo e parecia escapar por entre meus dedos.

— Pode ter sido uma picada de cobra, mas não tenho certeza. — O veterinário passava o estetoscópio pelo corpo de Molly, que estava deitada na mesa. — Somos uma filial de uma clínica, e acho que ela precisa de cuidados especializados na central, perto de Stonehenge. Vou passar alguns analgésicos, mas prefiro que meus colegas a avaliem.

Não era o que eu queria ouvir. Esperava respostas e tratamento imediatos e estava furioso por causa do aparente descaso do veterinário e da falta de recursos da clínica.

A recepcionista pediu uma ambulância veterinária, que chegou em minutos, com as sirenes ligadas, para levar a minha pobre Molly. Eu planejava segui-la com meu carro, assim que tivesse preenchido os malditos formulários.

Saí da clínica e me sentei em um banco próximo por cerca de quinze minutos. Apoiei a cabeça nas mãos, sentindo meu estômago revirar, e tentei desesperadamente me recompor antes de pegar o carro. Consumido pela culpa e pelo remorso, não conseguia acreditar na minha própria tolice. Não deveria ter aceitado o caso. Não deveria ter deixado Molly se cansar no calor. Não deveria ter prolongado a busca. E, o mais importante de tudo, não deveria ter colocado as necessidades do cliente acima das da minha cachorra. Eu a decepcionara e não sabia se um dia poderia me perdoar.

— Coitada da Molly — sussurrei, engolindo em seco, imaginando-a sozinha na ambulância. — É tudo minha culpa, e eu sinto muitíssimo...

Estava perdido em meus pensamentos quando uma mulher se sentou ao meu lado.

— Desculpe por me intrometer. — Ela apoiou o seu carrinho de compras contra o banco. — Não vou ser indelicada e perguntar o que aconteceu. Só queria dizer que vai ficar tudo bem, não se preocupe.

— Obrigado — falei para ela. — Muito obrigado.

Ela deu um tapinha maternal na minha mão antes de ir embora, puxando o carrinho atrás de si.

Durante a viagem até Stonehenge, liguei para Sarah em casa, para Sam no escritório e para meu filho em Manchester. Também procurei os conselhos de Graham, que era veterinário em Guildford.

— Parece um caso clássico de picada de víbora — disse, após ouvir o relato e a lista dos sintomas de Molly.

Graham conhecia muito sobre o assunto e disse que víboras costumavam se embrenhar em bosques atrás de lagartos, ratazanas e outros animais pequenos. Depois de matar sua presa, elas normalmente descansavam na sombra para fazer a digestão, por isso era bem plausível.

— Molly deve ter farejado o cheiro dela e foi pega de surpresa — explicou. — A víbora podia estar mais pesada depois da refeição e, por não conseguir escapar, sua única opção seria se defender, daí a mordida e a liberação de veneno.

— Eu deveria ter ligado para você antes de qualquer coisa. — Contei então a Graham que estava muito decepcionado com a clínica de Amesbury e que não tinha muita esperança com relação à central em Wiltshire, para onde me dirigia.

— Bom, aqui vai o meu conselho, Colin — disse ele, com o pragmatismo que lhe era característico. — Minha clínica já fechou por hoje, mas sugiro que pegue Molly e a leve à unidade de acidentes e emergências com animais de Guildford. Vai ser tarde demais para administrar o antídoto, mas ela receberá o melhor tratamento possível. Leve Molly à minha clínica amanhã no primeiro horário, e eu farei um exame cuidadoso e darei um diagnóstico mais preciso.

Parecia um bom plano, já que eu confiava totalmente em Graham. Em uma hora, peguei Molly na clínica de Stonehenge. A boa notícia era que Molly permanecera estável e consciente durante a viagem. Já a má notícia era que o inchaço continuava significativo, apesar dos antibióticos, e ela ainda estava em péssimas condições.

Dirigi com todo o cuidado até Guildford e deixei Molly na unidade de acidentes e emergências, onde a equipe especializada ia monitorá-la o tempo todo e mantê-la tão confortável quanto possível. Beijei a cabecinha brilhante de Molly para me despedir, acariciei as suas orelhas caídas e olhei em seus olhos vidrados e ressecados.

— Vai ficar tudo bem, Molls — falei, tentando manter o tom da minha voz e meus gestos animados para gerar vibrações positivas. — Vão fazer todo o possível para que você melhore, prometo.

Ela choramingou baixo quando o enfermeiro a colocou gentilmente em um carrinho. Fui embora porque não queria que Molly se virasse e visse seu dono tão preocupado e infeliz.

Tirar o material de busca do carro ao chegar em casa foi quase insuportável porque, naquele momento, Molly estaria mordiscando meus calcanhares e correndo pela entrada da casa, animada com a perspectiva de nossa sessão de brincadeiras pós-busca. Ao guardar seu peitoral, senti profundamente sua falta.

Sarah me ofereceu o ombro amigo que eu precisava, ouviu minhas preocupações e ansiedades, me garantiu que Molly estava recebendo cuidados de primeira, e preparou um chocolate quente para me acalmar, mas acabei passando a noite em claro. Não conseguia deixar de pensar nos eventos do dia e, principalmente, na minha culpa.

Incapaz de fechar os olhos, acabei descendo para o meu escritório às duas da manhã e senti uma forte pontada de tristeza ao passar pela caminha vazia de Molly. Naveguei algumas horas na internet e pesquisei tudo o que podia sobre víboras e seus venenos. Quanto mais casos estudava, mais convencido eu ficava de que Molly fora vítima de uma. Felizmente, a maioria dos cachorros picados por cobras acabava se recuperando, mas ainda demoraria algumas horas para eu descobrir se o mesmo ocorreria com Molly.

Cheguei na unidade de acidentes e emergências às seis e meia e fui informado de que, apesar do inchaço preocupante, Molly tinha dormido tranquilamente e respondido bem à medicação. Ela foi trazida pelo veterinário de plantão e parecia muito atordoada e confusa. Ajoelhei-me e aproximei-me o máximo que pude para que ela reconhecesse o meu cheiro. Ela me cheirou um pouco e usou a pouca energia que tinha para me dar uma lambida amorosa na bochecha. *Oi, pai,* ela parecia dizer. *O que está acontecendo comigo? Quem são esses desconhecidos? Onde esteve a noite toda?*

O veterinário me ajudou a colocá-la na caixa de transporte, e eu a levei ao quarto especialista em vinte e quatro horas. Tentei ignorar o fato de que, na última vez que estivera na clínica de Graham, fora para buscar as cinzas do meu querido rottweiler Jay. Os predecessores dele, Tess e Max, também tinham sido sacrificados, e eu nunca me recuperara totalmente da perda.

Por favor, que não aconteça de novo, pedi, enquanto entrávamos no estacionamento. *A vida não pode ser tão cruel.*

Graham deu uma boa olhada em Molly, que parecia ainda estar muito mal e que precisaria de um exame completo, com anestesia geral, para verificar os efeitos da mordida e da queda.

— O inchaço no peito definitivamente é uma reação ao veneno da cobra — ele afirmou —, mas quero tirar um raio-X, porque ela pode ter fraturado a articulação escápulo-umeral ao cair no chão.

— Fraturado?

— É bem possível. E tenho que lhe dizer que, se for uma fratura complexa, provavelmente não poderei operar. — Graham viu minha expressão horrorizada e colocou a mão no meu ombro para me tranquilizar. — Meu conselho, meu amigo, é que fique fora por algumas horas e me deixe cuidar da Molly. Vá tomar café. Não há motivo para ficar aqui, andando de um lado para o outro na sala de espera.

— Acho que você tem razão. Mas tem que me dar notícias.

— É claro, Colin. — Ele sorriu, enquanto Molly me encarava com olhos suplicantes. — E, por favor, não se preocupe. Ela está em ótimas mãos.

No Speckledy Hen, na esquina do veterinário, tomei um café da manhã completo e litros de café puro e respondi a algumas mensagens de pessoas preocupadas.

Às dez horas, Graham me ligou.

— Molly está se recuperando da anestesia. Está indo bem, considerando seu estado inicial. Vem pra cá pra eu te contar o que descobri.

Graham não encontrara nenhum osso quebrado, mas, por ter raspado os pelos do peito de Molly para examiná-la melhor, descobrira que ela fora picada pela víbora não uma, mas duas vezes.

— Molly é um animal de muita sorte, Colin. Uma das picadas quase pegou a carótida, o que teria complicado *muito* as coisas.

Se o veneno tivesse ido direto para o coração, explicou, Molly teria morrido quase instantaneamente, mas a toxina, por ter sido injetada no tecido muscular, se dispersou muito mais devagar e permitiu que uma cachorra jovem, em forma e saudável como Molly sobrevivesse. Soltei um grande suspiro de alívio.

— Mas ainda temos que ser muito cuidadosos — alertou o veterinário. — Embora seja correto dizer que Molly resistiu à picada, ela ainda está em perigo, e ainda há uma pequena chance de que não sobreviva.

— O que quer dizer? — perguntei, com o coração acelerado.

— Vou ser sincero, Colin. Presas de cobra têm todo tipo de bactéria, por isso acho que há uma grande possibilidade de Molly ter contraído uma infecção secundária, que às vezes pode ser fatal. Mas ela é durona. Confio que ela vai superar tudo isso.

— Meu Deus, Graham, espero que esteja certo...

— O plano é o seguinte: vou deixar que a leve para casa, mas prescreverei uma série de antibióticos bem fortes para tentar combater qualquer infecção. Ela também precisará de muito líquido e descanso.

Assim que o efeito da anestesia passou totalmente, levei Molly para casa. Eu a alimentei com uma colher, dei banho, deitei-a em sua caminha favorita, e fiquei sentado no chão, conversando com ela até que pegasse no sono. Devo ter cochilado, porque, algumas horas depois, senti Sarah sacudindo delicadamente o meu ombro.

— Venha pra cama, Colin — sussurrou. Molly respirava alto ao meu lado. — Ela está bem e confortável. E você também precisa de uma noite decente de sono.

Cuidar de Molly naqueles primeiros dias foi muito difícil. Fiquei ao lado da sua caminha, atendi a todas as suas necessidades, monitorei cada movimento e mudança de humor atrás de sinais de progresso ou piora e me ausentei do trabalho por uma semana. Recebi centenas de ligações desejando melhoras — era muito reconfortante saber que todo o mundo estava torcendo por nós.

Nas primeiras vinte e quatro horas, Molly pareceu melhorar um pouco, mas, no segundo, sua saúde piorou muito. Sua temperatura subiu, seu nível de energia caiu e sua respiração ficou superficial e ofegante. Entrei em pânico, com medo de que fosse a tal infecção secundária. Liguei para Graham, que confirmou meus piores temores.

— Ela está claramente lutando contra a infecção, Colin. Continue com os antibióticos e líquidos e se certifique de que Molly esteja tranquila e descansada.

Pelas quarenta e oito horas seguintes, mal saí do lado de Molly, que começou a mostrar sinais de melhora. Na manhã do quarto dia, foi como se o botão mágico da recuperação tivesse sido acionado.

— Mas como...? — respirei fundo ao ver os olhos brilhantes de Molly entrando no meu quarto. Ela pulou na minha cama e me encheu de beijos.

Estou de volta, papai!!! Vamos brincar!!!

Naquela mesma tarde, levei Molly ao veterinário para um *check-up*. Ela sobrevivera à pior parte da infecção, mas a maneira como tinha começado a mancar me preocupava.

— Você está certo. Sem dúvida, há um problema na pata dianteira direita — afirmou Graham, ao examiná-la. — Parece ser uma compensação pela dor da picada da cobra, que é mais aguda do lado direito do corpo.

Ele recomendou que Molly fizesse hidroginástica, porque a atividade sem impacto reduziria a sensação de dor ou tensão, e ela recuperaria a confiança.

— Logo mais ela se esquece de mancar — acrescentou Graham. — Recomendo fortemente que faça o que te disse.

Segui o conselho de Graham e marquei algumas sessões em um centro especializado próximo de casa. Molly ficava inacreditavelmente fofa de colete salva-vidas, e era divertido observá-la nadando cachorrinho.

Para a minha alegria, as sessões deram resultado, e pudemos voltar às nossas caminhadas no campo e a fazer exercícios leves. Estranhamente, Molly voltava a mancar quando estávamos em casa. Foi Sarah quem sugeriu, sabiamente, que talvez minha querida cachorra estivesse fazendo um pouco de drama.

— Colin, você já notou que Molly só manca quando você está por perto e quando ela quer alguma coisa? — disse, em uma noite em que víamos tevê.

— Não sei se é verdade — respondi, achando que minha namorada estava sendo dura demais.

— Ela nunca manca quando você não está. Fiquei observando Molly pela porta entreaberta esta manhã.

— Duvido muito, querida.

Para mim, Sarah estava enganada, porque Molly não podia ser tão sem-vergonha assim. Curioso, coloquei uma das minhas câmeras de segurança na sala.

Sarah e eu não conseguíamos parar de rir ao ver as filmagens.

— Molly, sua farsante! — Sorri, vendo-a fingir mancar atrás de carinho e atenção e voltar a andar normalmente após minha saída. Molly recuperara a velha forma, eu tinha certeza.

Tentei não pensar a respeito das habilidades de Molly durante sua doença, porque seu bem-estar como animal de estimação era prioridade, mas algumas questões importantes começaram a me inquietar durante sua recuperação. Ela conseguiria voltar a trabalhar ao meu lado? A picada de cobra teria afetado suas habilidades de reconhecimento de cheiros? Molly tornaria a encontrar outro gato perdido? Aquela experiência horrível a impediria de fazer buscas em florestas?

Era hora de ter uma conversa franca com Mark Doggett para saber o que era melhor para o seu bem-estar: continuar a trabalhar comigo normalmente, ser treinada do zero na MDD ou passar o resto da vida como um simples bicho de estimação. Encerrar nossa parceria sem dúvida partiria meu coração, mas o bem-estar de Molly era prioridade.

— O jeito mais simples de descobrir, Colin, é fazendo um teste na Bramble Hill Farm — disse Mark. — Sem ajuda, sem estímulos, sem encorajamento. Deixe que ela faça tudo sozinha, e você saberá se Molly ainda está apta para o trabalho ou não.

Em uma tarde fresca de agosto, com uma brisa forte e constante, preparei um teste para Molly, como já fizera centenas de vezes. Escondi uma amostra de pelo de gato na grama alta, no meio de um campo de dois acres. Eu tinha trazido a minha câmera GoPro pra poder mandar as imagens para Mark.

— Toma — falei, com o coração acelerado. O focinho de Molly entrou no pote de vidro para sentir o cheiro e ela soltou um latido solitário, que significava: *Certo, pai, memorizei o cheiro. Vamos começar...*

— Procura, procura — eu a incentivei com um floreio de mão.

A hora da verdade chegara.

Molly pareceu um pouco hesitante e mancava um pouco, mas, em trinta segundos, começou a percorrer o campo, balançando o rabo vigorosamente. Nervoso, fiquei observando os caminhos em S que ela traçava em sequência por causa da brisa de verão, que dispersava inúmeros cheiros.

Ah, senti falta disso, Molly parecia dizer como se tivesse se lembrado da liberdade de estar ao ar livre e da adrenalina da busca.

Um sorriso se abriu no meu rosto quando minha cachorra localizou a amostra e deitou seu corpo trêmulo ao lado dela, me dando o familiar sinal de *Encontrei, pai*. Suspirei aliviado.

Apesar da dor e do trauma, Molly não havia perdido suas incríveis habilidades. Fiz o sinal para que voltasse para pegar a recompensa, e ela veio correndo pelo campo, com um largo sorriso e a língua rosada pra fora.

— Boa garota! — Eu a puxei para perto com uma mão e dei-lhe os petiscos com a outra. — Você nunca deixa de me surpreender, minha jovem...

O gato e o barco

Molly e eu tínhamos voltado a trabalhar, mas também havíamos aprendido algumas lições valiosas. O incidente com a cobra me forçou a rever minhas prioridades e procedimentos, ou seja, dali em diante, nenhum assunto relacionado a trabalho superaria a saúde e o bem-estar de Molly, e eu nunca mais colocaria a vida dela em risco para atender às demandas dos clientes, independentemente da situação. Minha política de verificação prévia do nível de risco também seria mais rigorosa, e eu recusaria os casos que pudessem por em risco a segurança de Molly. Aquela terrível experiência se tornara um lembrete doloroso das minhas responsabilidades para com aquela preciosa criaturinha.

Um dos nossos primeiros casos após a recuperação foi memorável. Um casal de trinta e poucos anos, Edward e Lily, entrou em contato conosco. Eles tinham alugado há pouco tempo um apartamento de primeiro andar em Londres e comprado uma velha casa-barco.

— Nossa gata desapareceu. — Edward parecia totalmente desolado. — Achamos que ela pulou ou caiu da nossa casa-barco e que pode ter se afogado. Por favor, *por favor*, pode nos ajudar? O sol já está se pondo, e estamos em pânico.

— Em primeiro lugar, vocês precisam ficar calmos — falei. — Em segundo, não podem descartar a possibilidade de que ela ainda esteja viva. Não é impossível que tenha chegado a terra firme.

— Mas como? Gatos não sabem nadar.

— Isso é um mito — afirmei, aliviado por poder oferecer algum consolo. Contei a Edward que a maioria dos gatos sabia nadar, mas escolhia não fazê-lo e que algumas raças, como a dos gatos-de-bengala, amavam a água e eram conhecidas por entrar na banheira ou no chuveiro com seus donos.

— É bom saber disso, Colin. Mas, se o pior tiver acontecido e o corpo dela tiver sido levado até a margem, preciso que a pobrezinha seja encontrada. Ela é parte da família, e Lily e eu gostaríamos de fazer um enterro apropriado. A mera ideia de Sapphire à deriva no Tâmisa... — A voz de Edward ficou embargada —, partiria nossos corações.

Querendo aproveitar as habilidades de Molly, ele perguntou se eu poderia levar minha cachorra para Berkshire o mais rápido possível. Concordei em visitá-los na manhã, porém, tive dificuldade em explicar que o caso era muito complexo, especialmente pela enorme área de busca e pela incerteza sobre o desaparecimento. Também expliquei a Edward que, para aumentar as chances de encontrar Sapphire, ele precisaria providenciar uma amostra de pelo.

— Isso não será problema — ele respondeu. — Meu pai está limpando nosso apartamento em Londres, e tenho certeza de que ele não vai se importar de trazer uma amostra pra cá.

— Excelente. A gente se vê amanhã de manhã. Tente dormir um pouco.

Aquela foi minha primeira visita a Hurley. Enquanto Molly e eu dávamos uma volta, eu fazia uma rigorosa avaliação de risco.

O pai de Edward, Godfrey, me encontrou ao lado do canal. Ele trazia um punhado de folhetos de GATO PERDIDO em uma mão e um bloco de notas na outra e explicou que o filho decidira seguir para Bristol com Lily de última hora, porque ela estava com medo de navegar sozinha. Edward se juntaria a nós mais tarde. Parecia que Godfrey passara a maior parte da manhã percorrendo as ruas, falando com os moradores e distribuindo os folhetos feitos na pressa.

— Estou encantado por fazer parte da sua equipe hoje, Colin. — A voz grave de Godfrey assustou alguns patos que passavam. — Você, eu e Molly vamos conseguir resolver o caso, tenho certeza.

Reprimindo um sorriso irônico, expliquei ao detetive autonomeado que estava trabalhando com a teoria otimista de que a gata continuava viva por ter escapado para a margem antes que o barco saísse ou por ter pulado ou caído do deque durante a viagem e que esperava que ela tivesse conseguido nadar até a costa.

— Gatos se apegam muito ao seu território, Godfrey. A Sapphire deve ter ficado desorientada ao ir do apartamento para a casa-barco, o que talvez tenha feito com que ela voltasse instintivamente para a terra firme.

— Sim, eu estava pensando *exatamente* nisso — ele murmurou, batendo o lápis nos dentes tortos.

Eu ainda não sabia se aquele cara ia ajudar ou atrapalhar. A julgar pelo modo como Molly mantinha distância dele, diria que ela também não tinha certeza.

— Bom, vamos começar. Você trouxe a amostra de pelo? — perguntei.

— Mas é claro. — E ele fez uma leve continência. — Venham comigo.

Godfrey nos levou até um Volvo verde-garrafa. No banco de trás, havia uma pilha de roupas de Edward que ele pegara no apartamento. Sobre elas estava uma bolsa de lona cheia de brinquedos, almofadas e caminhas de Sapphire, a maior parte coberta por uma espessa camada de pelo cinza-carvão. Ele também tinha trazido o maior arranhador que eu já tinha visto na vida.

— Levei um século para conseguir colocar esse negócio no carro — Godfrey comentou.

Não estou surpreso, pensei.

Fiquei um pouco chateado porque a mistura de itens significava que não teríamos uma amostra pura, mas teria que servir. Molly era mais do que capaz de isolar cheiros, e não havia motivo para não conseguir fazê-lo naquela ocasião. Assim, peguei minha pinça, transferi cuidadosamente um chumaço de pelo para o pote de vidro e fechei bem a tampa.

Quando rumei na direção do rio, Godfrey gritou:

— Caminho errado, amigo!

Ele informou que, durante sua busca pela manhã, tinha conversado com um fazendeiro local que dissera ter visto um gato escuro entrar em um de seus celeiros.

— Ele me deixou dar uma olhada rápida, e acho que é uma pista promissora. — Godfrey disse. — Gostaria de começar a busca por lá, se não tiver problema.

A arrogância do sujeito começava a me irritar, mas eu tinha que me lembrar de que estava trabalhando em benefício dos donos aflitos. Desse modo, aceitei, e fomos para a fazenda. Se alguém tinha mesmo visto um gato escuro, precisávamos conferir.

Ao que tudo indicava, o celeiro vinha sendo usado como depósito para donos de barcos e lanchas e abrigava embarcações de todos os tamanhos e formas.

— Pode demorar bastante — falei para Godfrey, passando os olhos pelo espaço gigantesco e pelas inúmeras possibilidades de esconderijo.

Não acreditei quando, um minuto depois de ter cheirado o pote de vidro, Molly fez um "Deita" perfeito perto da entrada do celeiro. Ela deitou o corpo, esticou as patas da frente e esperou pela recompensa de sempre.

Fiquei perplexo ao não encontrar nenhum sinal de gato. Godfrey e eu procuramos de alto a baixo e em todos os cantos, mas não havia cheiro de urina, restos de roedores ou algo que pudesse ter servido de cama. Soltei Molly mais uma vez e ela repetiu o "Deita", com ainda mais confiança que antes.

— É um mistério. — Eu cocei a cabeça, enquanto Molly desfrutava de sua segunda leva de petiscos.

Mudei de abordagem e instruí Molly verbalmente: "Mostra". Aquele comando, que eu ensinara a ela na Bramble Hill Farm, exigia que fosse mais específica e que me guiasse fisicamente até o gatilho.

Molly fez um círculo, foi até a porta do celeiro, e cutucou com o focinho um material azul-celeste afixado à alça da porta antes de fazer o sinal de "Deita" de novo. Soltei com cuidado a amostra de tecido da alça e a observei sob a luz que entrava pela janela.

— Por que isto está incomodando você, Molly? — perguntei, muito confuso.

— Ah... — O rosto de Godfrey ficou levemente vermelho. — Talvez eu devesse ter dito antes.

Virei-me para encará-lo.

— Dito o quê?

— Bom, hum... fui eu que coloquei isso aí.

— Você?! Do que é que está falando?

— Bom, depois que falei com o fazendeiro esta manhã, tive uma grande ideia. Achei que seria bom cortar pedaços de umas camisetas de Edward para prender em diferentes pontos dos celeiros e estábulos daqui. Sapphire poderia reconhecer o cheiro e sair de seu esconderijo.

Minha expressão embasbacada disse tudo.

— Quantos pedaços você espalhou, Godfrey?

— Ah, uns trinta. Está errado?

— É, podemos dizer que sim.

Godfrey não percebera que sua "grande ideia" envolvia camisetas que tinham sido contaminadas pelo cheiro de Sapphire. A coitada da Molly fizera o seu trabalho com perfeição, mas tinha sido levada direto para a camiseta do dono.

Por mais enlouquecedor que fosse, o incidente serviu para destacar as fabulosas habilidades de Molly. Cães têm a notável capacidade de identificar e separar cheiros específicos, ou seja, se entrassem em uma cozinha e encontrassem *boeuf bourguignon* no fogão, eles seriam capazes de distinguir cada cheiro individual, separando a carne do bacon, o alho da cebola, o vinho tinto do alecrim. Os cães com olfato mais sensível (como Molly) podiam até mesmo identificar o material de que a panela era feita.

A intenção de Godfrey fora boa, mas nos fez perder um tempo muito valioso. Só não fiz um escarcéu porque minha cachorra era hipersensível e conseguia sentir vibrações ruins entre humanos e eu precisava que ela permanecesse otimista e positiva durante a busca. Em vez disso, pedi educadamente que Godfrey recolhesse e descartasse as outras tiras de tecido para que pudéssemos recomeçar nossa busca do zero. Molly percorreu as construções por uma hora até que eu tivesse confiança suficiente de que a gata não estava por lá.

Edward se juntou a nós depois do almoço e deu uma bronca no pai quando descobriu o que ele fizera. Ao contrário de Godfrey, ele me pareceu um cara agradável. Passamos o resto da tarde fazendo buscas pela região do ancoradouro, mas, apesar de seus esforços, Molly não detectou nada.

Encerramos um dia bastante frustrante com uma visita à mercearia de um amigável casal de meia-idade. Minha experiência havia me ensinado a fazer amizade com as pessoas mais bem relacionadas da área, porque esse costumava ser o jeito mais fácil de espalhar a notícia do desaparecimento e de entrar em contato com a comunidade.

— Lembro de ter visto vocês na televisão com aquela moça simpática, a Clare, na Crufts! — disse a mulher quando a apresentei a Molly.

O marido, todo animado, foi buscar uma câmera velha e tirou uma série de fotos. Seu flash antiquado disparou a cada clique.

— Não é sempre que recebemos uma celebridade aqui! — Ele sorriu. — Diga "xis"!

Eles me ouviram atentamente quando disse que Molly, o primeiro cão farejador de gatos do Reino Unido vinha tentando encontrar Sapphire e prometeram alertar todos os clientes. Deixamos uma pilha de folhetos perto do caixa. Quando nos despedimos, eles disseram que podíamos sempre aparecer para tomar uma limonada caseira ou comer biscoitos fresquinhos de aveia.

— Até mais, Molly, e boa sorte na busca por Sapphire — eles se despediram, acenando de trás do balcão.

— As pessoas sempre piram assim com sua cachorra? — Edward riu.

— Na maior parte do tempo, sim. — Sorrindo, expliquei que Molly ganhava fãs por onde passava. Durante as buscas, ela conseguia unir e motivar uma comunidade: os vizinhos se envolviam totalmente com a nossa história e moviam mundos e fundos para nos ajudar a encontrar o gato e solucionar o mistério. — As pessoas adoram um final feliz, Edward. Espero que consigamos chegar a um com Sapphire.

Quando saímos de lá, notei que o sol começara a se pôr e que o ar começara a esfriar. Molly parecia cansada. Ela tivera um dia puxado e infrutífero, então era hora de ir para casa. Eu planejava voltar a Berkshire na manhã seguinte.

Durante a viagem de volta, imagens de uma gatinha enlameada subindo a margem do rio, exausta depois de atravessar o Tâmisa a nado vieram à minha mente. Meu instinto me dizia que Sapphire ainda estava viva, e eu decidi que a reuniria com seus donos.

— Como eu já disse, Molls, gatos *sabem* nadar — murmurei, ouvindo roncos suaves emanando do banco de trás.

Molly e eu começamos o segundo dia batendo de porta em porta nas alamedas sinuosas de Hurley, mas sem Edward e Godfrey, porque era muito cansativo. No dia anterior, um deles começara a usar alguns dos meus comandos com Molly, que olhava para ele como se dissesse: *Para com isso, estou tentando trabalhar aqui.* Sugeri que pai e filho teriam mais utilidade na marina, onde poderiam conversar mais com moradores e turistas.

— Me liguem se ficarem sabendo que alguém a viu, e eu irei imediatamente — garanti.

— Sem problemas — respondeu Edward. — Manteremos você atualizado.

Assim que reapresentei o cheiro de Sapphire a Molly, comecei a bater nas portas e a tocar sinos ou campainhas. Fizemos buscas em meia dúzia de jardins antes de chegarmos a uma propriedade de esquina no fim da alameda. Quem atendeu à porta foi uma mulher de cerca de sessenta anos, que, a princípio, achou que estávamos brincando ("Detetive de animais? Isso é sério? Ou é uma pegadinha?"), mas acabou nos deixando entrar em um enorme jardim florido nos fundos.

Soltei Molly da coleira e deixei que buscasse livremente. Uma rede de caminhos de cascalho dividia o gramado em quatro; o centro era ocupado por um bebedor verde para pássaros. Além de seus dois andares, tinha cobras e lagartos na base e uma gárgula no topo, uma coisa horrorosa.

Molly devia estar com sede, porque começou a circulá-la, determinada. Antes que eu pudesse chamá-la, ela deu uma corridinha apoiou as patas no segundo andar e lambeu a gárgula, o que fez a base do bebedouro a balançar ameaçadoramente.

— Molly, SAI! — gritei, correndo na direção dela.

Mas era tarde demais. O bebedouro caiu, bateu no piso e se partiu em dois. Minha cachorra conseguira sair do caminho bem a tempo. A proprietária veio correndo.

Ótimo, pensei, desanimado. *Em que bela confusão você foi me meter, Molly...*

— Meu Deus, você quebrou a minha fonte! — Ela olhou primeiro para o enfeite rachado e depois para mim.

— Não fui eu, na verdade. — Desculpei-me com um dar de ombros. — Foi minha cachorra. E foi um acidente. Ela estava tentando beber água e o negócio virou.

A mulher me encarou, sem acreditar, e então olhou para Molly, que parecia a verdadeira imagem da inocência. A danada me passara a perna.

— Olha, sinto muito mesmo pela fonte — eu disse. — Por favor, diga quanto vai custar e pago para substituí-la.

A mulher deu outra olhada para a linda cocker spaniel, parou para pensar e me abriu um sorriso resignado.

— Não, não tem necessidade. Como você disse, foi um acidente. Essas coisas acontecem.

— É muita bondade sua. Obrigado.

— Na verdade, eu detestava esse bebedouro. Foi um presente de casamento da minha sogra, que é a cara da gárgula, pra ser honesta. Venho querendo me livrar dela desde que me divorciei, portanto você acabou me fazendo um favor. O jardineiro virá mais tarde e poderá dar um jeito nisso.

— Tem certeza?

— Tenho, sim. Agora espere um momento que vou trazer um pouco de água pra essa gracinha.

Enquanto ela foi até a casa, Molly veio para o meu lado e pôs uma pata na minha bota.

— Bom, chega de drama por uma manhã, jovenzinha — falei, com ela me encarando com seus grandes olhos castanhos. Era em momentos como aquele, me lembrava de que minha cachorra podia ser tão travessa e insolente quanto qualquer outra.

Paramos em um encantador pub antigão para comer alguma coisa. Peguei uma mesa na varanda, com vista para o Tâmisa, e, enquanto Molly devorava sua barra energética, comi um belo prato. Notei alguns barcos atracando perto do estacionamento de *trailers*, que ficava a menos de um quilômetro descendo o rio.

— Coma, Molly — eu disse, observando as fileiras de casas-barco cujos telhados de metal refletiam a luz do sol. — Acho que nossa próxima parada deveria ser lá.

Como estávamos no meio do verão, a maior parte dos chalés e dos *trailers* estava ocupada — com moradores fixos ou turistas. Dei uma volta e eu conversei com tantas pessoas quanto possível, mas ninguém tinha visto nada.

Meu celular tocou. Era Edward.

— Colin, você precisa vir imediatamente pra marina. — Ele estava quase sem fôlego. — Encontramos alguém que acha ter visto Sapphire.

Em vinte minutos, Molly e eu estávamos sentados a uma mesa de piquenique com Edward, Godfrey, um homem chamado Jack, que era o fiscal marítimo de Hurley há mais de vinte anos e que conhecia cada centímetro das margens, e seu enorme labrador preto, Solomon.

— Muito bem, Jack — decidi ir direto ao ponto —, me conte o que sabe.

— Bem, hoje de manhã, lá pelas seis, eu estava trabalhando a pouco mais de um quilômetro rio acima quando Solomon começou a puxar a coleira.

O labrador rosnou, o que fez Molly recuar um pouco.

— Ele começou a me puxar na direção da grama alta, e vi um gato quando nos aproximamos de um carvalho velho caído. O bichano ficou lá, sentadão e corajoso, só observando.

— Como você descreveria o gato, Jack?

— Pelo cinza-escuro, olhos verde-claros, meio magro.

— E não tem nenhum gato assim na vizinhança?

— Não. Conheço todos os animais de estimação da área. Moro aqui há anos, faço a mesma rota todo dia. Nunca tinha visto aquele gato.

— Ele era assim? —Mostrei a ele outra foto de Sapphire.

Jack pegou os óculos de leitura do bolso da camisa xadrez e estudou a foto da gatinha.

— Sim, tenho certeza de que esse é o gato que eu vi.

Edward respirou aliviado.

— Acha que é ela, Colin? Acredita que Sapphire ainda está viva?

— Essa é uma notícia animadora, Edward, mas só há um jeito de ter certeza.

Peguei o importantíssimo pote de vidro do cinto de utilidades e me agachei perto de Molly.

— Precisamos muito da sua ajuda agora — sussurrei, afetuoso. — Faça o melhor que você puder.

Pedi que levasse Solomon para casa para não distrair Molly, e, em alguns minutos, Jack voltou para nos guiar ao longo da margem.

Perto da árvore caída, ofereci a amostra a Molly. Havia muita esperança e expectativa no ar, e os três homens observavam, irrequietos, minha pequena e brilhante spaniel enfiar o focinho no pote e balançar o rabo depressa.

Em resposta ao meu costumeiro comando de "Procura, procura", Molly correu para a grama mais alta, saltando e se agachando, e, ao se aproximar do carvalho caído, se jogou no chão em um "Deita" perfeito.

— Meu Deus, foi *exatamente* aí que eu vi o gato — afirmou Jack.

— Bom, é isso aí — sussurrei para Edward, que estava de olhos arregalados e boquiaberto. — Molly está indicando que Sapphire realmente esteve aqui esta manhã, o que quer dizer que sua gata conseguiu chegar à margem e está viva e bem.

Edward gritou de alegria e jogou os braços ao redor do pai.

— É a melhor notícia do mundo, Colin! Preciso ligar para Lily.

Edward contou a novidade para a namorada, Jack voltou ao rio, e eu fui brincar com Molly numa clareira próxima. Godfrey se juntou a nós e estava estranhamente calado.

— Está tudo bem, Godfrey? Você ficou tão quieto de repente...

— Estou sem palavras, pra ser sincero — respondeu, com a voz embargada. — Já vi muitas coisas extraordinárias na vida, sua cachorra é mesmo incrível.

— É muita bondade sua — eu disse, enquanto minha cachorra voltava correndo, o focinho e as patas ensopados por causa do amplo gramado. — Ela é mesmo muito especial.

Voltamos a nos reunir à mesa de piquenique à beira do rio, e expliquei que Molly atingira o máximo de horas de trabalho do dia e que em breve teríamos que voltar para Sussex, porque o bem-estar de Molly era prioridade.

Antes de ir embora, dei-lhes meus conselhos e expliquei minha teoria sobre como a gata havia desaparecido.

— Acho que ela caiu do barco, talvez pouco depois de terem saído — falei para Edward —, então ela nadou até a margem, talvez na direção do ancoradouro em que tinham parado.

— E depois?

— Desconfio que tenha ficado andando a esmo, talvez seguindo o caminho mais fácil ou indo para uma área iluminada.

— Como o caminho à beira do rio?

— Exatamente. Imagino que ela tenha sido atraída pelas luzes dos barcos. Gatos desalojados sempre procuram contato humano e vão atrás de outros amantes de animais.

Abri o meu mapa da região e usei uma caneta para marcar as prováveis rotas de Sapphire.

— Não desista — disse e entreguei o mapa a Edward. — Estou certo de que vai encontrar Sapphire logo. Nos vemos de novo amanhã de manhã.

— Está bem. — Edward sorriu. — E obrigado.

Por volta da meia-noite, eu estava lendo *Country Life* na cama e Sarah dormia pesado ao meu lado quando ouvi o celular tocar. Era Edward.

— Sei que é tarde. Desculpe se te acordei, Colin, mas queria que ouvisse isso.

— O quê? — perguntei, intrigado.

— É Sapphire. Ronronando. Ela está sentada nos meus joelhos, ronronando...

— Vocês a encontraram?! — gritei, fazendo a pobre Sarah acordar assustada.

— Sim, encontramos — continuou Edward. — Não é incrível?

Um pouco mais cedo, ele recebera uma ligação de um turista que estava hospedado no estacionamento de *trailers*. Sua filha ouvira um gato miando, então ele revirou o *trailer* de cima a baixo e, finalmente, encontrou um bonito gato cinza-escuro se escondendo em um buraco debaixo do veículo. Certo de que era o mesmo do folheto distribuído pelo detetive de animais com o cachorro, o homem ligara para o número do dono no mesmo instante.

— Uma hora depois, eu estava do lado de fora do *trailer*, com Sapphire nos braços — dizia Edward, com a voz trêmula de emoção. — Faminta e com pulgas, mas viva e bem.

— Isso é incrível. Fico muito feliz por vocês todos.

— Eu tinha que te ligar, Colin. Não poderia deixar de agradecer a você e a essa sua cachorra maravilhosa. Foi Molly quem nos deu esperança, e nunca, nunca vamos esquecer isso.

— Obrigado, Edward! E você tem razão: Molly é uma cachorra impressionante. Mal posso esperar para contar a ela o que aconteceu pela manhã.

Após desligar, apaguei o abajur, deitei a cabeça no travesseiro e sorri, satisfeito. Estava um pouco decepcionado por Molly não ter encontrado a gata, mas o alívio e a felicidade na voz de Edward eram compensação suficiente. Pensei em Molly e me perguntei se minha pequena heroína tinha noção de sua habilidade de unir as pessoas e seus amores.

Sou muito sortudo por ter Molly, foi meu último pensamento antes de pegar no sono.

Um pesadelo em Notting Hill

Ao longo dos anos, alguns dos meus clientes se tornaram meus amigos, como Renu, a dona de Buffy, por exemplo, com quem mantive contato depois que a cachorra foi recuperada. Lembro-me de visitar a casa deles cerca de um mês depois e de mal reconhecer a bolinha de pelo atravessando o corredor, latindo animada e mordiscando meus tornozelos.

— Não pode ser Buffy — brinquei, levantando-a com cuidado para conferir de perto.

A cachorra parecia ótima, mas, devido ao trauma do sequestro, ela desenvolvera alguns problemas comportamentais. Para resolvê-las, eu colocara minha cliente em contato com a melhor treinadora de cães da cidade.

— Colin, você sabe que estou em uma dívida eterna com você, não? — disse Renu. — Se um dia eu encontrar alguém precisando de um detetive de animais, vou te indicar na hora.

— É muita bondade sua. Obrigado mesmo.

Renu manteve a promessa porque, algumas semanas depois, uma de suas conhecidas do Facebook, uma dinamarquesa chamada Trine, me ligou. Seu cachorrinho de cinco meses, um coton de tulear chamado Newton, desaparecera no oeste de Londres.

Em uma conversa muito emotiva por telefone, ela me falou sobre o desaparecimento de Newton. Trine, seu marido, Mark, e seus dois filhos, tinham ido a um casamento na Dinamarca quando receberam uma ligação informando que Newton havia desaparecido. Ele fora deixado aos cuidados temporários de uma amiga de Trine, Annie, que naquela tarde o levara ao Holland Park para passear ao sol.

Ele brincava solto com um grupo de cachorrinhos quando, do nada, um pastor-alemão apareceu, rosnando e babando, perseguindo uma bola de borracha. Tudo virou um caos quando ele chegou onde Newton e seus novos estavam. Bravo, ele começou a latir, atacou um pug que entrara no caminho, e assustou os cachorrinhos, que se espalharam. Annie, preocupada com o cachorro ferido, demorou um pouco a perceber que Newton tinha desaparecido.

Em pânico, ela passou o resto da tarde revirando o Holland Park e perguntando se alguém tinha visto Newton. Arrasada, retornou a Notting Hill com a coleira nas mãos, morrendo de medo da ligação que sabia que teria que fazer.

Trine, que estava a caminho do casamento, ficou morta de preocupação e voltou da Dinamarca com a família na manhã seguinte, um dia antes do planejado.

Assim que chegaram a Londres, distribuíram cartazes e folhetos e encheram o Facebook, Twitter e Instagram com apelos e pedidos de notícias, mas, apesar do grande envolvimento da comunidade, ninguém vira Newton em lugar nenhum. Após dois dias de busca incessante, Trine se deu conta de que precisava de alguém que pudesse assumir as rédeas e coordenar a busca com uma abordagem mais estratégica e objetiva.

— A mulher do Facebook disse que você a ajudou a encontrar o cachorro dela — disse Trine, desesperada. — Será que você poderia me ajudar?

Infelizmente, o momento não podia ser pior. Com a agenda lotada, duvidava que conseguiria me dedicar o bastante a um caso tão complexo quanto o de Newton. A UKPD estava absolutamente lotada de trabalho, incluindo o bizarro caso de Lulu, a gata malhada que tinha sobrevivido a uma queda de seis andares, o de um casal que acabara de se separar e que brigava pela guarda do cachorro e o de uma instituição para cães que me pedira para investigar três de seus voluntários, que supostamente tinham roubado um animal.

Ao explicar a situação para Trine, senti a decepção do outro lado da linha.

— Que pena... — A voz dela foi se transformando em um sussurro. — Eu contava com você, pra ser honesta, e as crianças iam adorar conhecer Molly...

— Quer saber? — eu disse, sentindo que estava sendo manipulado. — Estarei em Londres amanhã para procurar Lulu de novo. Que tal eu dar uma passada na hora do almoço, nem que seja só pra dar alguns conselhos?

— Seria maravilhoso — afirmou Trine.

Depois de uma hora de conversa com família e com Annie, concordei em pegar o caso.

— Você tem o coração muito mole, Colin. — Sam riu quando pedi que encaixasse a Operação Newton na agenda.

As testemunhas e as provas eram poucas, o que aumentava o número de coisas que eu precisava saber. O filhote fujão fora vítima de sequestradores, como Buffy? Ele ficara preso em algum lugar? Estaria com uma pessoa com boas intenções? Pior, será que algo de ruim tinha acontecido com ele nas movimentadas ruas do oeste de Londres? Com a ajuda de meu braço direito e de minha parceira detetive, chegara a hora de me lançar em uma meticulosa investigação.

— Vamos a Holland Park. — Saí de Bramble Hill Farm com Sam no banco do passageiro e Molly na caixa de transporte. — É hora de descobrir o que aconteceu com Newton.

Eu conhecia as ruas, os prédios e as áreas verdes de Kensington e Chelsea muito bem. Como eu caminhava no Holland Park nos fins de semana, sabia que ele tinha três áreas distintas: um bosque no norte, jardins no centro e um teatro e a área de recreação de onde Newton sumira no sul.

Nossa primeira tarefa era descobrir sua rota de fuga. Conversamos com as pessoas que passavam na esperança de que tivessem visto Newton.

Depois de mais ou menos uma hora, Molly já começava a ficar com vontade de brincar no parque, e tiramos a sorte grande. Uma irlandesa ruiva contratada para levar cachorros para passear deu uma olhada numa foto de Newton e foi enfática.

— Tenho certeza de que vi esse cachorro atravessar o portão correndo na direção de Phillimore Gardens. Ele estava fugindo e parecia muito assustado. Como um dos meus clientes tem um coton de tulear, me lembro de pensar que os dois eram muito parecidos.

— Tem certeza de que era o mesmo cão? — Mostrei-lhe a foto de novo.

— Tenho 99,9% de certeza. É, sim.

— *Muito* obrigada pela ajuda — agradeceu Sam. Anotei o primeiro possível avistamento no mapa e deixei um lembrete mental para encher aquela rua de folhetos e cartazes.

Após tomar um café rápido dentro do Holland Park, nós nos dirigimos à área de recreação para que Molly pudesse brincar com a bola de tênis. Ao virarmos à esquerda, ela ficou sem reação ao se deparar com um enorme pavão e sua cauda gloriosa. Molly ficou tão desconcertada que não sabia como agir.

Sigo em frente ou o persigo?, ela parecia estar considerando. Os animais se encaravam, avaliando um ao outro. Um grupo de estudantes de artes parou para acompanhar o espetáculo. Talvez ciente do público, Molly deu um pequeno passo adiante e soltou um ruído baixo. O pavão, por sua vez, recolheu as penas, virou as costas com desdém e seguiu na direção do jardim japonês.

— Outro cheiro pro seu repertório, Molls. — Ri e acariciei seu pescoço. — Não que eu ache que seremos contratados para encontrar um pavão perdido.

Lulu continuava na nossa lista de casos em andamento, assim, depois que terminamos nossa investigação em Holland Park, fizemos um desvio rápido para encontrar com sua dona, Barbara. Chegamos ao apartamento armados com uma leva de folhetos recém-impressos e aconselhamos Barbara a distribuí-los aos moradores e nos escritórios da região. Ela tinha cada vez mais certeza de que sua gata tinha acabado no rio, mas disse a ela que acreditava que Lulu continuava viva e bem, porque Molly encontrara seu cheiro no porão.

— Lulu definitivamente sobreviveu à queda e, de acordo com o pareamento de cheiro de Molly, deve estar em algum lugar no estacionamento subterrâneo — sugeri. — Por que você não fala com a equipe de segurança e vê se os funcionários se lembram de alguma coisa específica sobre o dia em que ela desapareceu?

— Sim, vou fazer isso — garantiu.

— Tenha esperança e confie em Molly. — Sorri, e Sam abraçou nossa cliente para reconfortá-la.

Sam, Molly e eu passamos os dois dias seguintes em Kensington. Batemos de porta em porta, visitamos estabelecimentos locais — de pubs a floriculturas, cafés e museus — e fomos recebidos com simpatia e gentileza por pessoas muito prestativas que se desdobravam para auxiliar nossa investigação. Era como se tivéssemos recrutado um exército.

Também nos empenhamos nas buscas em ruazinhas e vias secundárias, mas nós recebemos um empurrãozinho mesmo quando a administração da região de Kensington e Chelsea concordou em verificar as imagens das câmeras de segurança que ficavam na Kensington High Street, e a equipe de segurança do Museu do Design, as que davam de frente para a entrada do parque. Tudo foi por água abaixo, porém, quando nos disseram que não havia nada de Newton.

Para compensar essa decepção, algumas pessoas relataram possíveis avistamentos depois de quarenta e oito longas horas de entrevistas. Duas testemunhas diferentes disseram ter visto um cachorro branco que passou correndo na frente de uns restaurantes locais localizados depois de Phillipmore Gardens, e outras duas disseram ter visto um cachorrinho em uma faixa de pedestres perto da Kensington High Street. Os últimos avistamentos reportados envolviam um cachorro, cuja descrição batia com a de Newton, que passou correndo pela Pembroke Road e entrou pela Earls Court Road tentando se desviar dos carros. Traçamos a rota que Newton havia feito e ficamos espantados ao percebermos que ele tinha forças para correr depois de um quilômetro e meio.

Visitamos Trine em Notting Hill para atualizá-la. Ela ficou comovida e horrorizada ao mesmo tempo com os nossos avanços.

— Ele é tão tímido e controlado... Sempre morreu de medo de carros. — Ela chorava. — Vai ser um milagre se escapar ileso dessa. Como vamos encontrá-lo?

— Ele sem dúvida é um rapazinho esperto — disse Sam, procurando fazer de tudo para acalmar a nossa cliente. — Você ficaria surpresa com quão resilientes os cachorros podem ser.

— Ela está certa, Trine. Esta aqui foi, por exemplo, picada por uma víbora e sobreviveu para contar a história — acrescentei, acariciando de leve o ponto em que a cobra acertara Molly.

Então expliquei a Trine que estava trabalhando com a teoria de que o caso de Newton era de um cachorro perdido, porque, durante as entrevistas, ninguém relatara ter visto o cachorro sendo pego por alguém que passava ou enfiado em um carro. Na minha opinião, era muito improvável que tivesse sido roubado.

— Meus instintos dizem que Newton está escondido, Trine. Vamos nos concentrar no último local em que ele foi avistado e falar com o maior número possível de pessoas.

Trine nos informou que a busca por Newton vinha recebendo bastante atenção por causa de uma celebridade local, a atriz, apresentadora e jurada do *Britain's Got Talent*, Amanda Holden. Famosa por seu amor pelos cães, ela retuitara um apelo da conta do Twitter @BringNewtonHome e pediu para seus um milhão e novecentos mil seguidores ficarem de olho.

Apesar de tudo, nada aconteceu na quinzena seguinte. Nossas buscas por Kensington eram improdutivas, apesar do engajamento dos moradores permanecer alto, e os avistamentos tinham cessado.

— Continue tentando, Molly — disse para a minha dedicada cachorrinha, que trotava por outra viela em que não achara o menor rastro de Newton. — Você está fazendo um trabalho incrível, querida.

Eu, que trabalhava com isso há mais de três décadas, estava acostumado com as idas e vindas das investigações. O problema era tentar explicar essa imprevisibilidade ao desesperado dono de um animal de estimação e mantê-lo animado.

— Trine, sei que isso deve ser uma tortura pra você — eu disse —, mas é preciso que continue pensando positivo. Newton é um cachorrinho saudável e em forma. Provavelmente ainda deve estar vivo.

Ela enxugou as lágrimas com um lenço.

— Talvez alguém o tenha encontrado e decidido ficar com ele. — Ela me mostrou um anúncio com a imagem de um cachorrinho branco de Luton que era muito parecido com Newton. — Talvez *ele* seja Newton, Colin.

— Ele pode se parecer com Newton, mas dê uma olhada na data do anúncio, Trine. Foi postado dois dias antes que ele desaparecesse.

— Tem razão. — Ela baixou os olhos. — Não pode ser ele, então.

Trine, como muitos donos de animais de estimação na mesma situação, estava tentando de tudo. Eu compartilhava sua dor.

— Acho que Newton está mais perto do que imaginamos — afirmei com suavidade. — Sério.

Ela ergueu a cabeça para me encarar.

— Bom, se você acha isso, Colin, então também acho.

Normalmente, os donos de animais perdidos tendiam a ficar mais desesperados. Eu, por outro lado, tinha a obrigação de me manter centrado e positivo para que eles não se sentissem ainda pior. Newton havia desaparecido havia duas semanas, e Trine ficava cada vez mais ansiosa. Assim, achei que era hora de empregar uma nova estratégia. Identifiquei as vias mais movimentadas de Kesington, o fluxo do trânsito, seus gargalos e os pontos de engarrafamento que mais chamariam a atenção das pessoas passando de carro. Em seguida, imprimi cartazes grandes, plastificados e bonitos com a palavra recompensa em letras enormes e grossas, uma foto muito fofa de Newton e o número do celular de Trine.

Sam e eu passamos uma manhã inteira afixando-os cuidadosamente os cartazes em postes, grades, cercas e pontes na esperança de que pudessem chamar a atenção dos motoristas presos no trânsito. Não era uma tática totalmente legal e os cartazes podiam ser removidos pelas autoridades locais, mas eu achava que a investigação precisava atingir um novo patamar. Se essa estratégia tinha funcionado para localizar pessoas desaparecidas nos meus tempos na polícia, não havia motivo para não dar certo com Newton.

O impacto foi imediato. Em vinte e quatro horas, Trine recebera ligações de pessoas de toda a capital, que diziam ter visto cães que poderiam ser Newton. Eu investiguei todas as pistas que, infelizmente, não deram em nada.

No dia seguinte, Molly, Sam e eu fomos para Docklands, em Londres, por causa de uma ligação da dona de Lulu.

— Você me pediu para te manter atualizado — Barbara dissera, mal conseguindo conter o entusiasmo. — Acabei de receber um telefonema de uma mulher do segundo andar que disse que talvez tenha encontrado Lulu. Vou vê-la agora.

— Estamos indo pra aí!

Quando chegamos, Bárbara sorria com Lulu sã e salva em seus braços. Ela nos contou que a mulher, que por acaso trabalhava como faxineira no condomínio, fora ao depósito do porão na noite em que Lulu sumira e encontrara a gatinha encolhida em um armário. Por achar que ela não tinha dono, acabou levando-a para casa e cuidando dela e só se deu conta de que a gata malhada pertencia à sua vizinha quando enfiaram um folheto por baixo de sua porta.

— Acho que ela relutou um pouco antes de me entregar Lulu, para ser sincera — admitiu Barbara.

— E quem pode culpá-la? — Sam fez carinho na gata, que ronronava. — Ela é maravilhosa.

O pareamento do cheiro que Molly fizera no porão estivera certo, então. A sugestão de que a gata ainda estava viva tinha dado à minha cliente a energia e a confiança de que ela precisava para continuar procurando. Embora não tivéssemos encontrado o animal diretamente, nosso envolvimento ajudara a reunir uma gata muito durona com sua dona muito feliz.

— Foi por causa do trabalho em equipe... Parabéns para todos nós — eu disse, sorrindo, ao voltarmos para o estacionamento.

Eu dirigia rumo a Greenwich, após me despedir de Barbara e Lulu, quando meu celular tocou. Era Trine.

— Acabei de receber uma ligação de um cara que notou um dos cartazes gigantes, Colin. Ele é gerente de um depósito de reciclagem em Pembroke Road. Ele me disse que vira um gato persa branco no gramado há alguns dias, mas que, depois de ver a foto do Newton, passou a achar que talvez fosse um cachorro.

A pista era intrigante e muito promissora, pois a localização era próxima dos últimos avistamentos de Newton, mas controlei minha animação. As expectativas da minha cliente tinham sido arruinadas por uma sucessão de pistas e alarmes falsos, o que eu não queria que acontecesse de novo.

— Meu GPS diz que chego a Pembroke Road em meia hora, Trine. Passe meu número para o cara e eu combino um encontro lá.

— Ótimo, Colin. Me mantenha informada, sim?

Adam, o gerente, nos esperava na entrada do depósito. Ele nos ouviu com interesse quando expliquei quem éramos e eu detalhei o papel de Molly no nosso trabalho.

— Adoro cocker spaniels. — Ele sorriu, dando tapinhas gentis nas costas de Molly. — Tenho um em casa, mas não sei se a minha Bella é tão esperta quanto esta aqui.

Adam apontou para o local onde vira "o gato" revirando a lixeira em busca de comida e nos deu carta branca para procurar onde quiséssemos. Antes de voltar para o escritório, no entanto, ele nos avisou que o depósito fechava às cinco e que teríamos que ir embora antes disso.

— Isso nos dá um pouco mais que três horas — comentei com Sam, olhando nervoso para o relógio e para a selva de concreto à nossa frente. — Vamos ter de aproveitar cada segundo.

À nossa frente, havia um enorme gramado com muitas latas, caixas e lixeiras e, ao nosso lado, um imponente depósito que abrigava todo tipo de caminhão de lixo e máquinas de reciclagem. As duas áreas eram ligadas por uma série de becos estreitos cobertos de musgo e ladeados por altas paredes de tijolos vermelhos.

— Vamos usar o nosso tempo com sabedoria, Sam. Que o nariz de Molly cumpra a sua tarefa.

Ela não tinha um cheiro específico com o qual trabalhar, mas eu sabia que os instintos farejadores geralmente funcionavam com outros seres vivos. Na Bramble Hill Farm, Molly farejava com facilidade o cheiro de coelhos, cervos e faisões e adorava pular atrás deles enquanto fugiam.

Quando finalmente a soltei da coleira, Molly andou pelo jardim por uns bons vinte minutos e inspecionou, com seu nariz ultrassensível, as lixeiras, as latas e todos os cantinhos possíveis. Saiu ziguezagueando pela rede de becos, tocando com o focinho as paredes. Ao passar por uma entrada quase toda coberta por musgo, ela parou, olhou para mim e, sem piscar, começou a balançar o rabo freneticamente.

— Molly está nos dizendo que farejou algo interessante. — Fiz sinal para Sam me seguir e me esgueirei na direção do beco. — É cocô de cachorro — sussurrei ao chegar mais perto, torcendo o nariz. — É *muito* cocô de cachorro.

Sam fez uma careta ao sentir o fedor.

— A pergunta é: será que o cocô é de Newton?

Dei alguns passos adiante, apanhei a lanterna e apontei a luz para uma passagem escura e úmida, que terminava cinco metros adiante, em um muro coberto por trepadeiras e a tubulação de um grande ar-condicionado que ela abrigava era um obstáculo significativo. Com Molly logo atrás de mim, consegui passar por baixo dos canos ("Não sabia que você era tão dado a esportes, Colin", brincou Sam), me levantei e fui, na ponta dos pés, até o muro.

Molly bateu a pata no emaranhado de trepadeiras, fazendo com que as folhas se soltassem e caíssem no chão, revelando fenda fina na parede de alvenaria. O buraco era grande o bastante para um cachorro pequeno, mas eu não via nenhum movimento lá dentro, então peguei alguns gravetos e cutuquei para ver se havia algum sinal de vida.

Ouvi um rosnado baixo e triste. Achei que fosse Molly.

— Qual o problema, mocinha? — O som se repetiu, agora acompanhado por um leve farfalhar. Percebi que vinha do buraco.

Imediatamente, iluminei o buraco e avistei um par minúsculo de olhinhos brilhando e o reflexo de uma plaquinha de identificação em forma de coração. O animal tremia de medo e não se aproximava de mim, mas eu não tinha dúvidas: era um cachorrinho perdido e solitário chamado Newton.

Peguei o celular devagar no bolso do jeans e apertei o "T" de Trine.

Enquanto a minha surpresa cliente vinha de Notting Hill trazendo os brinquedos e as guloseimas preferidas de Newton, pedi que Sam esperasse com Molly na traseira do carro porque qualquer latido, choramingo ou grunhido de Molly poderia fazer com que o filhotinho fugisse.

Eu já tinha preparado Trine para não esperar um reencontro animado ao estilo de *Lassie*. Newton parecia estar morrendo de medo e ruim de saúde, pois estava magro, seus pelos estavam emaranhados e seus olhos estavam muito inchados, talvez devido a uma infestação de carrapatos. Apesar do aviso, nada poderia ter preparado Trine para a cena lamentável que viu ao chegar.

— Meu bebê — sussurrou, segurando as lágrimas, com o seu cachorro espreitando na escuridão.

— O som da sua voz deve ser um consolo pra ele, Trine. Por isso, acho melhor ficarmos aqui conversando calmamente até que Newton esteja pronto pra sair.

Nunca tinha esperado que conversaria sobre amenidades com uma cliente em um beco fedido de um depósito de material reciclável. Falamos sobre tudo: acontecimentos recentes, programas de tevê, questões familiares, mas Newton permaneceu lá dentro, o que era muito frustrante.

— Devemos estar entediando o coitadinho, Colin.

— Talvez não tenha sido boa ideia mencionar o Brexit — respondi, o que quase a fez sorrir.

Depois de uma tentativa frustrada de atrair Newton com seus brinquedos — esperávamos que ele respondesse positivamente ao cheiro de casa —, decidimos usar os petiscos. Quebramos alguns perto da entrada do buraco e outros no chão. Aos pouquinhos, ele os cheirou, se aproximando cada vez mais de nós, mas um forte estrondo vindo do depósito o assustou, e, para o nosso horror, ele voltou correndo para a escuridão. Ele reapareceu, depois de dois longos minutos, sem dúvida por causa da fome.

Após uma boa meia hora, Newton finalmente reuniu a força e a coragem necessárias para sair do buraco. Ao vir em nossa direção, pudemos ver a gravidade de seu problema: seus olhos estavam tão infeccionados, que ele mal podia enxergar e se guiava pelo olfato.

— Lembre, Trine, nada de movimentos bruscos — sussurrei quando ele estava a cerca de um metro dela. — Não ceda à tentação de pegá-lo. Espere que venha até você.

Para a nossa sorte, Newton reconheceu o cheiro de Trine, balançou o rabo alegremente e pulou nos braços da dona chorosa. Ver a expressão de alívio no rosto dela foi um daqueles momentos mais que comoventes.

Deixei Trine e Newton no veterinário, e Sam e eu levamos Molly para Holland Park para brincar um pouco e receber petiscos de carne-seca em reconhecimento ao papel fundamental que desempenhara no resgate do cachorro.

— Se você não tivesse encontrado o cocô, Molly, e se não houvesse derrubado as folhas, acho que não teríamos encontrado Newton. — Balancei a cabeça. — Outra investigação bem-sucedida graças a você.

Na viagem para casa, Sam e eu refletimos sobre o dia cheio de emoções. Ambos concordamos que, se não tivéssemos achado Newton, ele não teria sobrevivido por muito mais tempo. Por dezoito dias, o animalzinho tinha se virado para encontrar abrigo, comida e água, mas ele acabaria sendo vencido por uma infecção não tratada, que se atingiria a corrente sanguínea.

— É horrível pensar nisso — Sam suspirou.

— É mesmo. — Estremeci. — Imagine Trine tendo que passar o resto da vida sem saber o que aconteceu com ele.

Também comentamos que, como eu suspeitara, Newton não tinha sido sequestrado e que ele provavelmente entrara no depósito no mesmo dia em que sumira, procurando um refúgio das ruas tumultuadas de Londres.

Cheguei a Bramble Hill Farm pouco antes do pôr do sol. Molly correu para o jardim e mergulhou em uma das cercas vivas, provavelmente matando de susto quaisquer animais desavisados que estivessem lá. Eu me deitei na grama quente e fiquei olhando para a casa de fazenda, cujas janelas refletiam o céu rosado. Estava tão cansado — física e mentalmente — que mal conseguia manter os olhos abertos. Minutos depois, quando eu já estava pegando no sono, Molly veio para cima de mim e cheirou meu rosto com seu focinho cheio de grama seca, como se ela tivesse acabado de sair de um palheiro. Sorri e esfreguei os olhos.

— O que eu faria sem você, Molly? — E uma imagem do comovente reencontro entre Newton e Trine passou pela minha cabeça. Eu não conseguia nem imaginar me separar da minha linda cachorra.

Dias depois, com tudo mais calmo, liguei para Trine. Ela me disse que Newton estava tomando antibióticos e que estava se recuperando bem. Os perfis criados nas redes sociais para a campanha de não conseguiam dar conta das postagens — pessoas de todo o mundo enviaram fotos de si mesmas pulando de alegria e segurando cartazes onde se lia NEWTON ESTÁ EM CASA!!! Pelo visto, o cachorrinho se tornara uma espécie de celebridade.

— A experiência inteira foi muito traumática, Colin. Eu não desejaria isso ao meu pior inimigo. Mas também me ensinou uma grande lição.

— Qual, Trine?

— Nunca desista. E nunca, nunca perca a esperança.

Um gato perdido e um vizinho rabugento

A vida de um cão farejador de gatos podia ser bastante cansativa, assim Molly precisava ter bastante tempo de folga. Depois da maioria das buscas, eu lhe dava um dia de descanso para que dormisse até mais tarde e andasse de boa pela casa (muitas vezes com seu coelhinho de borracha a tiracolo) e a levava para dar um passeio no bosque antes do jantar.

Normalmente, Molly passava seus dias de folga comigo, mas Sarah ajudava quando eu tinha cumprir minha função de investigador particular. Foi exatamente isso que aconteceu no fim de setembro de 2017, quando um cliente de Belgravia pediu que Stefan e eu realizássemos uma operação de vigilância. Voltei para Cranleigh às nove da noite, mas qualquer estresse ou tensão evaporou assim que abri a porta da frente.

Diante de mim, na sala de estar, me deparei com a imagem do paraíso. Sarah, encolhida no sofá com o último livro de Marian Keyes e uma taça de vinho. E Molly, aninhada aos seus pés, cochilando e roncando. Tive que sorrir. No passado, Sarah — que assumidamente preferia gatos — mantinha-se sempre a um metro de distância daquela cachorra resgatada que não parava de soltar pelos e de cheirar suas bolsas. Agora, lá estavam elas, juntas, como velhas amigas.

— Olha só vocês duas… — Sorri, radiante. — Quem poderia imaginar, hein?

— Tivemos o melhor dia de menina do mundo. — Sarah olhava com carinho para Molly, que dormia. — Fomos fazer compras em Guildford, almoçamos em Cranleigh e nos exercitamos no parque. Nem sentimos sua falta, Colin.

— Ah, bom saber. — Revirei os olhos numa indignação fingida.

Na verdade, eu estava mais que animado de ver as minhas garotas se dando tão bem e tão calmas e confortáveis na companhia uma da outra. Eu admirava Sarah desde o dia em que nos conhecemos, mas vê-la se aproximando de Molly daquele jeito aumentou meu respeito por ela e minha gratidão. Dar à minha cachorra um lar cheio de amor e carinho era muito importante para mim e, naquela noite, senti que a última peça do quebra-cabeça tinha se encaixado.

Pendurei o casaco, acendi a lareira, fiz um café e sentei no tapete em frente a Molly. Ela sentiu minha presença, acordou de seus sonhos e, depois de me dar uma lambida sonolenta, pulou e subiu no meu colo.

— Muito bem, mocinha, você pode ficar aqui por dez minutos, mas depois é hora de ir pra cama. — Beijei-lhe o focinho. — Temos que acordar cedo amanhã, porque vamos viajar para o sul. Preciso que esteja alerta e pronta pro serviço.

Um gato amarelo chamado Simba tinha sumido em Devon, os donos estavam desesperados, e a maravilhosa Molly era a sua última esperança.

A paisagem de Surrey ao sul de Devon, passando por Hampshire, Wiltshire e Dorset, era tão bonita quanto esperado.

— Não é maravilhoso? — Sorri para Sam, no banco do passageiro.

— Devo admitir que o caminho que faço para o trabalho não é lá essas coisas — respondeu a minha colega.

Chegamos ao vilarejo de Lower Chillington pouco antes do planejado, então paramos para um café rápido com bolinhos em um estabelecimento local. Em poucos minutos, a equipe toda já estava mimando Molly.

Então, como sempre, saímos para uma avaliação antes de começar a busca e observamos a disposição das ruas, a localização dos prédios e os perigos e obstáculos que poderiam colocar Molly em risco. Percebemos que estávamos em uma daquelas cidades de cartão-postal.

Na volta para o carro, ouvimos cascos. Na esquina, surgiu uma amazona vestindo botas, paletó e calça oficiais de equitação. Ela estava montada em um imponente cavalo marrom-escuro e acompanhada por dois corpulentos lébreis irlandeses que corriam soltos com suas línguas rosadas para fora. Molly sentou-se para observar o trio: *O que foi isso, pai?*, ela parecia me perguntar.

— Olá — a mulher cumprimentou, sorrindo. Ela diminuiu o ritmo de leve e tirou o capacete para revelar um coque loiro bem apertado. — Tenham um ótimo dia!

Afundando os calcanhares e puxando a rédea, ela saiu galopando pela alameda, seguida pelos dois cachorros.

Meia hora depois, bati na porta do chalé geminado de pedra onde Lindsey, dona de Simba, se encontrava. Molly e Sam ficaram no carro, como muitas vezes faziam enquanto eu entrevistava a família e obtinha uma amostra de pelo.

Lindsey era uma adolescente esguia e estava na casa de uma amiga da família enquanto seus pais passavam férias em Maiorca. Concluí que ela se recuperava de uma doença séria e que seus pais tinham preferido não deixá-la sozinha durante sua viagem para as ilhas Baleares.

Dizer que Lindsey adorava o animalzinho gorducho e bochechudo era pouco. Os dois eram inseparáveis. Simba tinha sido adotado há dez anos e se tornara uma presença constante na infância de Lindsey e uma fonte de bem-estar e afeto durante seus momentos ruins. Ela nutria uma paixão antiga por livros, mas, fora isso, o tempo que ela dedicava exclusivamente à bola de pelos barulhenta e travessa era seu hobby preferido. Ela passava horas testando a destreza dele com bolinhas de pingue-pongue ou atiçando-o com uma variedade de brinquedos para gatos.

Nos meses mais quentes, Lindsey se sentava com Simba no jardim e lia seus romances históricos favoritos, enquanto ele se esticava ao sol. De vez em quando, o gato saía correndo atrás dos passarinhos que se atreviam a entrar em seu caminho. Apesar da idade avançada e do excesso de peso, seu instinto de caçador permanecia forte. Lindsey sabia que seu pai era um dedicado observador de pássaros e que não gostava dos "presentes" plumados e sem vida que eram entregues através da portinha do gato.

Por estar ao lado da dona, Simba pareceu ter se acostumado com o novo ambiente em Lower Chillington. Lindsey o manteve dentro de casa a princípio, mas, depois de uma semana, acabou cedendo ao constante arranhar da porta dos fundos e deixou que ele saísse para explorar. Em poucos dias, seu adorado animal de estimação desapareceu, e o mundo dela caiu.

Ao ficarem sabendo das notícias e do estado emocional de Lindsey, seus pais, Chris e Wendy, voltaram das férias ensolaradas para se juntar à busca por Simba. Eles passaram um pente-fino nas ruas de paralelepípedo e nos jardins do vilarejo, mas não chegaram a lugar nenhum. Após ter lido sobre Molly em um jornal, o pai decidiu ligar para a UKPD.

— Minha filha já estava frágil o bastante sem isso — ele me explicou —, mas o desaparecimento de Simba a deixou no limite. Ela é muito ligada a ele, sr. Butcher, e precisamos desesperadamente que o encontre.

Deepest Devon estava muito além da minha área de trabalho, mas, devido à natureza delicada do caso, decidi ajudar. Outros fatores também influenciaram a minha decisão. Primeiro, eu esperava que a natureza compacta do vilarejo trabalhasse a nosso favor, já que haveria um número relativamente pequeno de prédios a investigar. Segundo, como Simba tinha desaparecido de uma casa em que não havia outro animal, eu estava confiante de que conseguiria extrair uma amostra de pelo de alta qualidade, o que beneficiaria o processo de pareamento de cheiros de Molly.

A atmosfera em torno da mesa estava carregada, o que não era de surpreender. Lindsey chorava, inconsolável. Os pais, sentados um de cada lado da filha, tentavam consolá-la da melhor maneira possível.

— Colin e Molly farão de tudo pra encontrá-lo — disse a mãe, pegando as mãos de Lindsey nas suas. — Tudo vai acabar bem, eu prometo.

Mas a amiga da família não tinha muito tato.

— Minha dúvida é: Molly consegue achar gatos mortos? — ela perguntou, provocando um lamento alto de Lindsey e um olhar de repreensão de Wendy.

— Não há motivo para acreditar que Simba não esteja vivo e bem. Estou otimista — garanti, num esforço para atenuar o efeito do que a mulher dissera. — Lidei com muitos casos parecidos ao longo dos anos e, na maioria das vezes, os bichos estão escondidos, esperando serem achados.

No entanto, eu considerava importante ter mais contexto sobre o desaparecimento de Simba. Sem cansar Lindsey com o aspecto científico da coisa, expliquei que a fuga de animais de estimação normalmente era causada por um fator intrínseco e um extrínseco. A migração extrínseca estava relacionada a forças externas, muitas vezes fora do controle do dono, como um cachorro agressivo que mudou para a casa ao lado, fogos de artifício ou obras em uma via próxima. A migração intrínseca, por outro lado, geralmente estava ligada de alguma forma ao dono e ao ambiente interno em que o gato vivia, ou seja, a chegada de um novo animal de estimação ou de um bebê, uma mudança indesejada na alimentação ou, no caso, uma mudança de casa.

Para fugir dos sentimentos de ansiedade, muitas vezes, os gatos se afastavam fisicamente da causa do problema e migravam para outro lugar. Naquele caso, eu imaginava que Simba tivesse se incomodado com a mudança para a casa da amiga da família e optado por ir embora na primeira oportunidade.

— O mais interessante é que, na migração intrínseca, mais que na extrínseca, os níveis de estresse logo se reduzem, o que pode fazer com que o animal volte para casa por vontade própria.

— Espero que seja o caso. — Lindsey esboçou um sorriso fraco, enxugando as bochechas com um lenço.

Com minha cliente um pouco mais otimista, subi para o quarto para pegar uma amostra de pelo do cobertor de Simba e considerei a tarefa que tinha pela frente. Em muitos aspectos, parecia que eu estava em meio a um caso de alguma série de tevê ambientada em um vilarejo único e rústico, repleto de personagens excêntricos. O tema central do episódio em questão era muito claro: onde Simba fora parar? Ele saíra e se perdera? Estaria preso em algum lugar? Fora sequestrado por um morador? Continuava vivo? Felizmente, minha cachorra solucionadora de problemas me aguardava e certamente me ajudaria a entender o que estava acontecendo.

Vamos torcer para que essa história tenha um final feliz, pensei ao colocar um chumaço de pelos amarelos no pote de vidro. *Pelo bem de Lindsey.*

Chris perguntou se podia se juntar a nós na busca por Simba. Wendy, por sua vez, permaneceria em casa com a filha. Assim que ele abriu a porta da frente, percebemos que tínhamos um enorme problema: nuvens de fumaça emanavam de um campo próximo, e o ar estava carregado do cheiro acre de madeira queimando. Parecia que um fazendeiro local acendera uma fogueira logo cedo.

— Não quero te alarmar, Chris, mas Molly não vai conseguir trabalhar hoje se o fogo continuar assim. Isso afetará o seu olfato e irá mascarar o cheiro do gato.

— Deixa comigo, Colin. Conheço o fazendeiro. Vou dizer umas poucas e boas a ele.

Chris foi tirar satisfações com o homem, e eu observei uma disputa de dedos em riste que estava por um triz de chegar às vias de fato. O fazendeiro relutou um pouco, mas acabou concordando em apagar o fogo, ainda bem, e Chris veio até mim, balançando a cabeça.

— Ele teve sorte por eu não tê-lo jogado no meio da fogueira — Chris disse, limpando as cinzas dos ombros.

Tivemos que esperar por uma hora para que a fumaça se dispersasse antes de começar a busca e aproveitamos esse tempo para andar pelo vilarejo e nos apresentar às pessoas nas ruas. Assim que a fumaça da fogueira finalmente se dissipou, permiti que Molly sentisse o cheiro de Simba e demos inicio à busca. À medida que percorríamos a rua principal, uma sucessão de portas e janelas parecia se abrir automaticamente, revelando rostos simpáticos de moradores sorridentes.

— Querem suco de maçã?
— Oi, precisam de ajuda?

— Posso dar um biscoito pra esse cachorro tão lindo?

Todos eram tão amistosos que, se não tivéssemos um gato para encontrar, eu teria aceitado alegremente cada convite. Paramos em uma das casas porque havia um carrinho de mão cheio de frutas, legumes, geleias e chutneys à venda no seu jardim da frente. Eu adorava produtos locais e, por isso, interrompi a busca por alguns minutos para lotar o porta-malas com uma variedade de produtos de Lower Chillington, enquanto Sam colocava moedas no cofrinho que havia ali.

Seguimos os três pela alameda, rindo de Molly, que abocanhava as folhas que rodopiavam ao vento. Logo chegamos a uma bela propriedade de pedra e fomos recebidos pelo dono na entrada. Ele parecia um pouco incongruente naquele vilarejo muito tradicional. O modo como mantinha distância de Molly sugeria que não gostava de cães, ao contrário dos demais vizinhos.

— Fiquem à vontade para procurar — ele disse, depois de nos apresentarmos e explicarmos a situação. — Só não deixem que a cachorra chegue perto do lago. Eu crio carpas. Elas são muito sensíveis, não quero que se assustem.

Ele estava prestes a voltar para casa quando parou, como se tivesse acabado de se lembrar de algo.

— Ah, esqueci... tomem cuidado com o ouriço de três pés.

— Como? — Ou aquele cara identificara o animal erroneamente ou tomara LSD com o chá pela manhã.

— Tem um ouriço fêmea de três pés que aparece de vez em quando nesta época do ano. — Ele disse, muito sério. — Eu a chamo de sra. Bumble. Ela caça lesmas e caracóis ao redor do tronco das árvores, e deixo uma bacia de água pra ela. Não quero que sua cachorra a assuste. Então, por favor, tome cuidado.

— Pode deixar, vou tomar — eu falei.

— Tomar cuidado com peixes sensíveis e ouriços gigantes... Isso é sério? — Sam revirou os olhos, tentando não rir.

Soltei Molly da coleira. Com o cheiro de Simba ainda em suas narinas, ela atravessou o jardim farejando arbustos e troncos e espalhando folhas como confete. Em determinado momento, Molly correu para o lago e mergulhou uma pata, mas meu grito de "Aí não!" a distraiu do peixe colorido que nadava ali.

Depois de uns dez minutos de busca, a linguagem corporal e o padrão de comportamento da minha cachorra mudaram completamente. Ela ficou hiperativa, se apoiando nas patas de trás e fazendo um barulho estranho de ronco. Devia ter detectado algum rastro, mas a sua insegurança sugeriam que não era de Simba.

Molly começou a andar ao redor de uma pilha grande de folhas de carvalho. Chris, Sam e eu nos aproximamos e nos cutucamos mutuamente com os cotovelos ao vemos algo se mexendo debaixo dela. De repente, uma tigela grande de plástico, virada de cabeça para baixo, emergiu e se movimentou em direção da parede ao fundo, como se guiada por controle remoto. Molly ficou histérica, choramingando alto, dando voltas no lugar e se erguendo nas patas traseiras como um potro inquieto. Para a segurança dela, chamei minha cachorra imediatamente, a prendi na coleira e a entreguei para Sam para que eu pudesse investigar melhor. Me aproximei da tigela, levantei-a cuidadosamente e me deparei com um pequeno ouriço trêmulo. Ele se fechou em uma bola, mas eu já tinha notado que ele não tinha uma das patas de trás. Ri sozinho e empurrei a criatura espinhosa de maneira gentil para que rolasse para fora do campo de visão da minha cachorra. Enchi a tigela da sra. Bumble com a água da garrafa do meu cinto de utilidades e voltei pelo jardim.

— Bom, você já achou um animal fofinho — falei para Molly. — Tomara que o próximo seja Simba.

Percorremos a maior parte do vilarejo com a ajuda de vizinhos muito prestativos, mas já era hora do almoço e não havia nem cheiro de Simba, literalmente. Quando retomamos a busca, Molly ficou muito interessada por um obsoleto sistema de drenagem vitoriano que passava por baixo de alguns dos jardins dos fundos e ficava exposto em outros. Embora não fosse seguro permitir que Molly percorresse aquele duto rachado e em ruínas, seu rabo balançava loucamente sempre que se aproximava dele. Não pude deixar de me perguntar se gatos locais, incluindo Simba, o usavam como um prático túnel entre os jardins.

Para meu desgosto, os canos chegavam a um jardim ao qual não tínhamos conseguido acesso. Minhas inúmeras batidas na porta da frente de Wren Cottage não foram atendidas e eu podia notar uma presença sombria pairando atrás das cortinas cor de creme e da luz da televisão ligada. Ali dentro, havia alguém que não atendera à porta por que motivo fosse. Em circunstâncias normais, eu teria dado de ombros e seguido para a próxima casa, mas Molly estava ansiosa para explorar aquela propriedade em particular.

— Ah, você está falando do velho sr. Rabugento? — dois adolescentes zombaram quando perguntei sobre o dono do Wren Cottage. — Ele é um chato. Só sai de casa pra mandar a gente parar de jogar futebol ou cair fora.

O carteiro pintou mais ou menos o mesmo quadro, apesar de ter sido um pouco mais compreensivo:

— Desde que a esposa morreu, Alf se tornou quase um ermitão e tem preferido ficar sozinho em casa, mas gosta de me pegar para Cristo às vezes. Outro dia, ele me disse que famílias jovens demais estão mudando pro vilarejo e que estão estragando o lugar...

Eu não ia me deter, apesar da reputação do velho sr. Rabugento e dos dois portões de ferro forjado com tranca e fechadura na entrada do jardim. Lower Chillington devia ter uma das menores taxas de crimes do condado — ou do país —, e aquelas medidas extremas de segurança pareciam absurdas e desnecessárias.

Com Molly à frente, e Chris e Sam ao meu lado, segui pela passagem estreita que separava os jardins dos fundos do cemitério do vilarejo e olhei para a cerca. Eu esperava encontrar um espaço sem graça que combinasse com sua personalidade sombria, mas me enganei redondamente. Uma Kombi laranja estava estacionada na garagem — antiga, mas impecável —, e, no jardim, havia três imaculados galpões em tons pastel que lhes davam a aparência das barracas à beira-mar em cidades litorâneas. Alimentadores de pássaros feitos de madeira se achavam espalhados pelo gramado retangular, um terço do qual era dedicado ao cultivo de frutas e vegetais.

— Adoro esses brócolis roxos — comentou Sam, particularmente animada naquela tarde. Ela achara o incidente com o "ouriço de três pés" muito divertido e vinha me provocando desde então.

O pátio ao lado estava totalmente limpo e sem musgo, e lá havia alguns vasos improvisados feitos de pneus e botas velhos. Treliças de bambu, fixadas na parede dos fundos, estavam cobertas por uma trepadeira de um vermelho-vivo.

— Parece que alguém leva a jardinagem muito a sério. — Chris sorriu.

Enquanto admirávamos o jardim do sr. Rabugento, Molly ficava cada vez mais tensa e batia a pata na cerca dos fundos. Percebi que era hora de agir.

— Precisamos dar um jeito de ter acesso ao jardim — eu disse. — O cara não atende à porta, então vamos ter que infringir um pouco as regras.

Sam e eu levantamos Chris para que atravessasse a cerca e entrasse no jardim — sem dificuldade, já que ele era bem magro. Então, pedi que fosse bater na porta dos fundos do sr. Rabugento (imaginando que o velho fosse responder melhor a alguém da região).

Depois de cinco minutos de batidas constantes, Chris finalmente conseguiu uma resposta.

— Tá bom, tá bom, já ouvi — uma voz rouca gritou de dentro.

Ouvimos uma chave girar na fechadura e a abertura de diversas travas. De pé, muito irritado, estava um cara corpulento e grisalho de cerca de oitenta anos.

— O que acha que está fazendo pulando a minha cerca?! — ele perguntou.

— Bom, e... — gaguejou Chris, ligeiramente surpreso com a figura imponente do homem.

— Vocês são da polícia ou alguma coisa assim? — continuou o velho sr. Rabugento, apontando para mim e para Sam, que espreitávamos por trás do portão. — Vieram atrás dos vândalos que chutam bolas no meu jardim? E trouxeram um cão farejador pra ajudar?

— Não exatamente — afirmou Chris, hesitante —, mas será que poderia abrir o portão para que os meus amigos dessem uma palavrinha com o senhor?

— É melhor que seja rápido. — Ele pegou um molho de chaves do bolso e veio na direção do portão. — Sou um homem ocupado. Tenho coisas a fazer.

Era hora de eu me lançar em uma ofensiva sedutora. Já havia lidado com muita gente indisposta a cooperar e, para fazer com que mudassem de ideia, geralmente tinha que desestruturá-las um pouco. Assim, passei a coleira de Molly para Sam, abri um grande sorriso para o homem e dei meu aperto de mão mais firme.

— Que jardim maravilhoso o senhor tem — elogiei. — Parece um pouco com a horta do meu avô em Gloucestershire, só que a sua é muito mais variada. Na verdade, o senhor mesmo parece uma versão mais jovem do meu avô. E devo dizer, Alf... Posso te chamar de Alf?... Seus brócolis são simplesmente *magníficos*.

Ignorando o ruído abafado que Sam fez, continuei a bajular o sr. Rabugento. O plano era impedir que ele dissesse uma palavra tortuosa antes que eu notasse que o gelo derretera um pouco.

Alf sorriu, e eu soube que acertara em cheio.

— Então você sabe como dá trabalho manter um jardim desses. — Alf levantou as mãos ásperas. — Por isso fico tão bravo quando os malditos moleques transformam minhas frutas em suco.

— Entendo você, Alf. Mas escuta... Preciso de um favorzinho, se não tiver problema.

Então contei tudo sobre Molly — que estava sendo valentemente contida por Sam — e descrevi nossa busca pelo pobre Simba.

— Estamos procurando por um gato amarelo — falei. — Ele é um pouco velho e gorducho, mas ainda tem muita energia. Achamos que pode ter usado os antigos canos para passar de um jardim a outro, e talvez tenha acabado aqui.

— Minha filha sente tanto a falta dele... — Chris mostrou uma foto ao senhor. — Se nos deixar dar uma olhada, ficaremos muito gratos.

— Quem diria?! — Alf exclamou, olhando a foto. — Eu vi esse bicho, sem dúvida.

— É mesmo? — Chris arregalou os olhos.

— Sim, mas achei que não tivesse dono. Ele tem vindo aqui todas as manhãs há alguns dias. É um pouco chato, pra ser sincero. Incomoda os pardais. Tentou pular no alimentador de pássaros ontem, mas é tão gordo que caiu.

— Típico do nosso Simba — disse Chris, animado. — Podemos dar uma olhada então?

— Fiquem à vontade. — Alf hesitou por alguns segundos. — Mas não acho que vão encontrar o gato agora. Em geral, ele aparece antes do café da manhã. Nunca o vi à tarde.

Soltei Molly da guia e ela correu para o barracão do meio. Parou na frente da porta verde-escura, girou algumas vezes sem sair do lugar e — pronto! — fez o "Deita" mais perfeito do mundo.

— O que ela está fazendo? — perguntou Alf, enquanto Molly tremia de excitação em sua pose de esfinge.

— Molly está me dizendo que sentiu o cheiro de Simba ali — expliquei, pegando um petisco do meu cinto de utilidades. — Isso significa que o gato está aí dentro agora ou esteve aí mais cedo.

— Mas é onde eu guardo os cortadores de grama. — Alf voltou a pegar o molho de chaves. — Não consigo imaginar que um gato queira ficar aí e não notei nada quando entrei esta manhã.

Alf abriu a porta do barracão. Fiquei de olho em Molly enquanto ela entrava. Lá havia um cortador cor de laranja berrante, alguns bancos velhos de madeira, vários recipientes e sacos de juta. Eu tinha certeza de que o nariz da minha cachorra conseguia distinguir o cheiro de Simba, apesar do forte odor de grama úmida misturado ao óleo dos motores, e não me decepcionei. No canto oposto do barracão, embaixo de uma janela aberta, Molly fez outro sinal positivo, daquela vez definitivo. Infelizmente, não havia sinal do gato em si, mas, a julgar pela linguagem corporal da minha garota, ele saíra fazia pouco.

Dei mais petiscos para Molly que, ao pegá-los, notou uma lata de atum pela metade debaixo de um banco. Olhei para Alf, que tentou disfarçar. Sem querer constrangê-lo na frente de Chris, eu disse:

— Muito bem, Sam, por que vocês não verificam a frente da propriedade? Eu e Molly vamos procurar atrás dos barracões.

Depois de completar a busca no jardim dos fundos, Alf deixou que eu e Molly brincássemos no pátio desde que nos mantivéssemos longe da horta. Improvisei um jogo que envolvia jogar a bola de tênis contra cada uma das três portas dos barracões, em ordem aleatória, atrás da qual ela corria com gosto.

— Muito bem, Molly! — Alf aplaudia toda vez que ela pulava na horizontal, como um goleiro profissional, antes de pegar a bola nos dentes. Ele parecia gostar muito da minha cachorra, e era bom vê-lo sorrindo tanto.

Molly enfim se cansou, e, após ter bebido bastante água, eu me juntei a Alf no banco no pátio. Conversamos sobre a vida dele no vilarejo, sobre a história local e sobre quanto a área mudara em tempos mais recentes.

Ele acabou se soltando um pouco, o que me deu a clara impressão de que não conversava tanto com alguém há bastante tempo, e admitiu que, depois da morte da esposa, sua confiança e alegria de viver tinham sumido, e ele se fechara em casa.

— Edith era a vida e a alma do casal. Ela era muito animada — Alf contou. — Foi ideia dela comprar a Kombi. Edith adorava aventuras, e fiquei me sentindo vazio e sozinho após sua morte. Acabei abandonando tudo e todos, sabe? Me restringi a uma vida de palavras cruzadas no jornal. Ainda vivo assim, pra ser sincero.

— Isso é totalmente compreensível, Alf. — Pensei na morte de meu irmão David e do quão perdido e arrasado me senti na época. — O luto atinge as pessoas de maneiras diferentes. Pode demorar meses ou até anos para voltarmos a ser quem éramos.

— Isso é verdade. — Ele olhava a distância. — Mas não acho que os meus vizinhos liguem para isso. Sei que me chamam de velho sr. Rabugento. Ou pelo menos os malditos moleques chamam. Mas sou muito mais o velho sr. So...

Ele fez uma pausa, como se não conseguisse completar.

— Solitário?

— Sim... E o gatinho foi uma boa companhia nos últimos dias. Por isso eu o estava alimentando.

Meu walkie-talkie entrou em ação:

— Colin, está me ouvindo?! — gritou Sam, agitada.

— Estou sim — eu disse, ao pegar o aparelho. — O que foi?

— Você não vai acreditar, mas estou vendo Simba!

— O quê?!

— É sério. Ele está no portão da frente da casa. O que devemos fazer?

— Sam, é muito importante que vocês dois permaneçam calmos e mantenham distância. Não queremos que o gato se assuste e fuja. Deixe comigo.

Pus a guia em Molly e fiz um sinal com a mão que queria dizer "fique calma". Dei a volta pela lateral da casa da maneira mais discreta que pude. Lá, caminhando tranquilo sobre o muro do jardim da frente, com a cabeça levantada e o rabo apontado para o norte, estava um gato que só podia ser Simba. Ele me viu avançando na direção do muro, soltou um ruído engraçado e se aproximou, como um velho caubói. Não se tratava de um gato assustadiço.

Chris e Sam nos observavam, nervosos. Inclinei-me cuidadosamente na direção de Simba e estiquei a mão para acariciá-lo. Ele esfregou a cabeça na minha palma, me cheirou e lambeu, olhou para Molly e miou. Balancei a cabeça para Sam, que se aproximou devagar e pegou Simba do muro. O pesadelo de Lindsey chegara ao fim.

Sam entregou Simba a Chris e levou Molly para o carro. Depois de nos despedirmos carinhosamente de Alf, Chris e eu fomos andando até o chalé da amiga da família. Simba permaneceu nos braços de Chris, embora carregar o gato gorducho na subida de uma ladeira íngreme de paralelepípedos não tivesse sido fácil.

Quando a notícia de que o gato fora recuperado se espalhou pelo vilarejo, os moradores começaram a sair na rua.

— O gatinho perdido foi encontrado, Ben! — uma mulher grávida gritou para o filho.

— Bom trabalho, pessoal — acrescentou um vizinho que parecia um sargento da polícia.

Mas a maior farra de todas aconteceu quando chegamos e Lindsey finalmente pôs os olhos em Simba, sorrindo.

— Achei que nunca mais ia ver você. — Ela o abraçou e o cobriu de beijos. — Não tem ideia de como senti sua falta.

Era hora de me despedir e voltar para Molly. Antes, no entanto, pedi um favor à família:

— É só uma sugestão, não quero que se sintam obrigados. Mas acho que seria legal fazer uma visita a Alf depois.

— Ao velho sr. Rabugento? — perguntou Chris. — Está falando sério?

— Cão que ladra não morde, posso garantir. — Eu sorri. — E temos muito a agradecer a ele. Se não tivesse deixado Molly entrar em seu jardim, talvez nunca tivéssemos encontrado Simba.

— Vamos visitá-lo, claro — Lindsey garantiu. — É o mínimo que podemos fazer.

— Entrem pra conversar e tomar um refresco, se puderem — acrescentei. — Algo me diz que ele iria gostar.

Depois de deixar Sam em Cranleigh, fiz uma parada na Bramble Hill Farm. A viagem se estendera muito por conta do trânsito, e Molly precisava esticar as pernas. Assim que entramos com o carro, ela percebeu que íamos brincar ao ar livre, e seu rabo se agitou tanto quanto as baquetas de Ringo Starr.

— Vamos lá, Molls — eu disse, antes de conduzi-la pelo portão que levava ao pomar.

Apoiei-me contra um carvalho e fiquei olhando pra minha linda cachorra. Pensei naquele dia de aventuras e sobre como Molly conseguia encantar qualquer um.

— É hora do seu sono de princesa. Vamos pra casa.

Molly e os gatos expatriados

Inúmeros estudos demonstram que ter animais de estimação pode ser altamente terapêutico, como bem sabia Donna, uma das minhas clientes.

No verão de 2017, Donna recebeu a notícia de que sofria de uma forma rara e agressiva de câncer. Em busca de tratamento, ela teria que deixar a Austrália, por mais que adorasse o país, e havia algo mais a ser considerado: Snuggles, uma gata mel, de patinhas e peito brancos, orelhas pontudas e altivas e de pelos curtos, que havia sido resgatada. A gata dava bastante trabalho, era agitada e imprevisível e exigia comida, brincadeiras e atenção, mas enchia sua nova dona de amor, afeto e companhia. Às vezes, Snuggles ronronava tão alto que Donna precisava aumentar o volume da tevê.

— Minha nossa, você pode se controlar? Não ouço nada do que Tom Cruise está dizendo — ela brincava, pegando o controle remoto.

Em poucos meses, infelizmente, a saúde de Donna se deteriorou, e ela teve que deixar o trabalho que tanto amava, e a ligação entre as duas ficou ainda mais forte. Quando Donna começou a planejar sua mudança para a Inglaterra, não tinha dúvida de que Snuggles teria que ir junto.

— Vamos embarcar em uma grande aventura, eu e você — ela disse a Snuggles, certa manhã. — Um capítulo totalmente novo espera por nós, meu bem...

Donna e Snuggles partiram para Londres no outono de 2017. Após um voo de oito horas, as duas foram recebidas pela irmã de Donna, Mandy, que as levou de carro até a sua nova casa, na cidade de Adderbury, que tinha sido escolhida cuidadosamente, levando Snuggles em consideração. Adderbury também era o lugar perfeito para Donna. Silencioso e tranquilo, com muito ar fresco e espaço aberto, ele sem dúvida beneficiaria o seu bem-estar emocional e a sua recuperação física depois do tratamento. Além disso, por coincidência, havia muitos australianos na área.

Algumas semanas depois, Donna passou por uma cirurgia, antes de começar as difíceis sessões de quimioterapia. A sua gata a animava sempre que necessário e oferecia o consolo necessário quando as coisas ficavam difíceis demais.

Donna gostava de ficar observando Snuggles passear pelo jardim à procura de novos esconderijos ou postos de vigia. Infelizmente, em uma tarde no começo de setembro, um movimento brusco em um arbusto assustou a pobrezinha, que subiu correndo na cerca do jardim e desapareceu de vista.

Logo mais ela volta... Falta meia hora pro jantar, pensou, tomando um gole de suco de manga e tentando controlar seu medo. Mas Snuggles não voltou. Na verdade, uma semana se passou sem sinal dela.

Física e emocionalmente fraca demais para lidar com isso sozinha, Donna recorreu à irmã e aos vizinhos. Eles bateram nas porta de moradores locais, procuraram pelas ruas e postaram apelos nas redes sociais. Consciente de que o tempo passava e disposta a adotar uma abordagem mais tática, Donna fez uma pesquisa na internet, encontrou um artigo sobre "Molly, a cachorra que fareja gatos", assistiu aos vídeos do *This Morning* e me ligou imediatamente.

Eu estava em casa, no meu escritório, e Molly dormia na caminha próxima. Donna chorava ao celular ao me contar a sua história e os seus receios. Sua maior preocupação era que, sendo uma recém-chegada, Snuggles tivesse se perdido e não conseguisse mais encontrar o caminho para casa ou que tivesse sido atacada por uma raposa.

— Isso é muito raro — expliquei, tentando acalmá-la. — Na minha experiência, gatos e raposas costumam viver em harmonia. Tentam não competir entre si e raramente brigam. Tente não se preocupar com isso.

— Você parece saber do que fala, Colin — Donna disse, com um leve sotaque australiano. — Acha que consegue me ajudar com Snuggles?

Embora Northamptonshire não fosse exatamente do lado de casa e meu braço direito, Sam, tivesse tirado um ano de folga, me senti compelido a ir até Adderbury. Donna passara por poucas e boas, e eu queria lhe dar esperança e um pouco de alívio, pois o caso dela me lembrava o de Oscar e sua dona, Suzie, que me incentivara a treinar um cão para farejar gatos. Molly teria outra oportunidade de encontrar um gato em perigo e de ajudar um dono em meio a uma crise, o que praticamente me obrigava a aceitar o trabalho.

— Tenho outra busca amanhã, mas posso encaixar você na quarta, se não tiver problema.

— Nossa, imagina, seria *maravilhoso*, Colin. Muitíssimo obrigada.

O céu de Northamptonshire estava cheio de nuvens quando Molly e eu chegamos a Adderbury. Felizmente, nenhuma delas parecia de chuva. Estacionamos em frente a um café movimentado no centro. A julgar pelas inúmeras vozes australianas, era ali que o pessoal da base aérea local comia. Peguei um café com leite para mim e uma tigela de água fresca para Molly e me sentei a uma das mesas cromadas.

Ela matou a sede e pulou no meu colo, e eu aproveitei a oportunidade para prepará-la para o trabalho, como sempre fazia antes de uma busca. Todos os nossos casos eram importantes, mas a batalha de Donna contra o câncer me lembrara de quando o meu irmão adoecera muitos anos antes, e a situação dela me tocara fundo.

— Molly, é muito importante pra mim que encontremos Snuggles hoje — eu disse, enquanto ela me encarava com seus enormes olhos castanhos. — Ela foi resgatada, como você, e precisa voltar para casa com Donna. Teremos de trabalhar em equipe para chegar a um bom resultado. *Vamos lá!*

Ofereci a mão para que Molly batesse nela, mas ela só me encarou sem expressão. *Está tudo bem, pai? Está ficando maluco?*

Molly lambeu o meu queixo e notei que estabelecimento inteiro estava nos olhando. Eu conversava com minha cocker spaniel como se ela fosse uma pessoa e admito que devia parecer meio bizarro para os outros. Pelo jeito, Molly não era a única que achava que eu estava pirando.

— Vamos, Molly — sussurrei, sentindo minhas bochechas ficarem vermelhas. — Acho que é hora de encontrar Donna.

Uma mulher muito alta nos esperava, sorrindo. Donna parecia muito pálida e um pouco frágil, mas garantiu que se sentia pronta e capaz de nos ajudar na busca.

— Mas só se você estiver disposta, Donna. Se encontrar dificuldades no caminho, é só me dar um sinal.

Donna adorou Molly, o que não era nenhuma surpresa. Ela a lembrava dos fantásticos cães de busca e resgate no deserto australiano. A julgar pelos abraços e aconchegos, o sentimento era mútuo.

— Ah, como senti falta desse carinho... — Donna suspirou, e Molly se refestelou com toda a atenção que recebia.

Minha cliente nos levou então em um rápido tour pelo belo centro de Adderbury. Quando paramos para descansar em um banco no parque, perguntei a Donna sobre o comportamento da sua gata e as circunstâncias do seu desaparecimento, pois eu precisava estabelecer se tinha sido causado por algo extrínseco, como um gato nos arbustos, ou se fora uma resposta mais intrínseca à mudança de casa em geral. Depois de ouvir Donna, concluí que era uma mistura de ambos. Snuggles tinha sido transferida de um grande bangalô em uma área urbana para uma pequena propriedade em uma cidadezinha. De qualquer modo, a experiência me dizia que Snuggles devia estar escondida em algum refúgio temporário.

No entanto, o fato de que precisávamos trabalhar com uma amostra bem fraca de pelos conspirava contra nós. Donna trouxera da Austrália apenas o mínimo, então todas as caminhas e arranhadores tinham sido doados, mas ela ainda tinha o peitoral de Snuggles, e alguns pelos cor de caramelo haviam ficado no acessório.

Para verificar se o cheiro era forte o bastante, decidi fazer um teste com Molly. Soltei o peitoral da guia e escondi debaixo de um vaso no pátio de

Donna, permitindo que o cheiro se assentasse por cerca de trinta minutos. Então preparei Molly, ofereci o peitoral para que sentisse o cheiro e a soltei no jardim dos fundos. Ela investigou o gramado e o pátio e, depois de cinco minutos, encontrou a coleira e fez um "Deita" perfeito, como esperado.

— Boa menina — eu a elogiei. Donna havia ficado muito impressionada e balançava a cabeça sem conseguir acreditar. — Acho que isso significa que podemos começar.

Demos início a uma busca sistemática pelos jardins próximos, muitos dos quais Donna já tinha inspecionado com seus amigos. A maior parte dos vizinhos foi agradável e prestativa, com exceção de um homem careca e de cara azeda, que foi extremamente antipático, reclamou do número de "malditos folhetos" e exigiu saber quando os cartazes seriam retirados. Ele ainda desdenhou quando eu disse que Molly recuperava gatos perdidos e se recusou a nos deixar entrar no seu jardim, dizendo que a esposa tinha uma alergia séria a cachorros. Donna estava à beira das lágrimas, então agradeci ao gentil cavalheiro por seu tempo e por ser tão bom vizinho e fui embora antes que o chamasse de babaca insensível.

— Idiota... — Afastei-me, balançando a cabeça, enquanto o homem continuava resmungando à porta.

— Concordo totalmente — acrescentou Donna.

O próximo morador foi muito mais acolhedor, ainda bem. Ele permitiu que entrássemos pelo portão dos fundos e, cinco minutos depois, apareceu no pátio com o filho pequeno, que vestia um macacão.

— Não tem problema se ficarmos vendo, tem? — ele perguntou. — Ethan e eu cansamos de *Tom e Jerry* por hoje. Molly, a farejadora de gatos, parece muito mais interessante.

— Não, nem um pouco — respondi —, mas evitem fazer barulho, por favor. Não queremos assustar a gata se estiver por aqui.

— Gata? No *jadim*? — falou o menininho. — Eu *gosta*! Faz *miau*...

Molly, que gostava de público, parecia saber que estava sendo observada e deu alguns saltos muito ágeis só para chegar até o muro e cheirar alguns vasos.

Então, no meio do jardim, ela parou de repente, cheirou o chão, olhou para mim e adotou uma posição agachada que me era muito familiar.

Ah, não, Molly! Aí não!

— Molly! — rosnei. Mas era tarde demais.

— O que o au-au tá fazendo? — quis saber o pequeno Ethan, enquanto Molly, com os olhos lacrimejando, depositava um presentinho marrom sobre as pedras branquinhas. — É *totô*, papai! Molly fez *totô*!

Se eu tivesse uma pá, teria aberto um buraco no chão e me enfiado dentro.

— Meu Deus, desculpa. — Em seguida, quebrei o recorde mundial de velocidade em corrida com saquinho plástico para recolher excrementos. — Molly nunca fez isso durante uma busca. Não é do feitio dela e...

Olhei para o outro lado do pátio e me dei conta de que minhas desculpas nem eram ouvidas. Pai e filho morriam de rir, e Donna se apoiou numa parede em meio às gargalhadas.

— Quem precisa de *Tom e Jerry* quando se tem algo assim no jardim dos fundos? — o pai comentou, sorrindo pra mim. — Nunca vi nada tão engraçado. A expressão no seu rosto... foi impagável!

— Obrigado por ser tão compreensivo — eu disse, enquanto Molly inclinava a cabeça de lado, intrigada e confusa com todo o bafafá.

Eu ainda tentava superar a minha vergonha, mas Molly trotava indiferente ao meu lado — provavelmente alguns quilos mais leve. Donna, ainda enxugando as lágrimas, falou:

— Sério, fazia semanas que eu não ria assim.

— Bom, pelo menos *alguém* achou graça — resmunguei, com as sobrancelhas arqueadas. — Foi um comportamento muito indigno do principal cão farejador de gatos do Reino Unido, devo dizer.

Então comecei a rir também.

A nossa próxima parada foi num bangalô meio caindo aos pedaços. Quem atendeu à porta foi um homem magro e enrugado, que trazia um cigarro enrolado à mão nos lábios e que parecia com Ronnie Wood, guitarrista dos Rolling Stones.

— É claro que pode, cara — ele disse, quando pedi para dar uma olhadinha em seu jardim —, mas está meio bagunçado. Sou um sujeito de ambientes fechados, não gosto de ficar ao ar livre.

Molly olhou atentamente para ele, enfiou o nariz no corredor e se virou para mim. *Do que é esse cheiro, pai? É novo pra mim...*

Sorri discretamente ao detectar o aroma tão característico de maconha. *Em outros tempos, Molly, eu e você faríamos uma busca na casa dele atrás de drogas. Como as coisas mudam, não?*

O sósia de Ronnie Wood não estava errado quanto ao jardim, que parecia a selva amazônica. Fiquei de olho em Molly, que se esforçava para passar pela grama alta e pelos arbustos emaranhados. Ela foi atraída por uma cerca viva antiga e grande nos fundos do gramado e, quando nossos olhos se encontraram, Molly jogou o corpo no chão em um "Deita".

— Parece que Snuggles esteve aqui em algum momento, Donna.

— Está brincando?

— Não — eu disse, indo na direção de Molly para dar uma olhada nos ramos retorcidos. — A má notícia, no entanto, é que este ponto está cheio de espinhos, então não posso deixar que Molly procure muito mais.

— Ah, não, que pena... — Donna se entristeceu.

Molly mastigava os petiscos que lhe dei, enquanto eu tentava separar os ramos retorcidos para ver se havia algum sinal de Snuggles, mas a cerca viva era impenetrável.

— Certo, vamos tentar no vizinho. — Fui voltando com Molly, mas, ao passarmos pelo barracão em ruínas do sósia de Ronnie... ploft!, minha cachorra fez um "Deita" definitivo.

A porta frágil estava entreaberta, então Molly disparou para dentro e foi direto para uma pilha de almofadas listradas. A mais alta claramente correspondia ao cheiro que Molly tinha nas narinas e também estava cheia de sedosos pelos cor de mel.

— Meu Deus — murmurou Donna quando lhe mostrei as provas. — Parece o pelo de Snuggles. Que cachorrinha mais inteligente você tem!

De seu jeito inimitável, Molly me ajudara a reconstruir o provável trajeto da gata. Parecia que Snuggles vinha usando aquele jardim malcuidado como seu abrigo principal, e a intensidade do "Deita" também sugeria que ela estivera nas últimas horas. Tive a sensação de que podíamos ser o motivo pelo qual Snuggles havia deixado o barracão e, se permanecêssemos mais tempo, correríamos o risco de afastá-la ainda mais.

— Donna, vou tirar Molly de cena. Você ficará sentada no jardim, sozinha, e vai falar com sua gata com muita, muita calma.

— Tem certeza? Parece meio doido...

— Snuggles deve estar se sentindo um pouco perdida, e sua voz poderá agir como uma ligação com algo familiar.

— Tudo bem, vou tentar. Pra ser sincera, Colin, estou um pouco cansada e adoraria sentar.

Com o consentimento do proprietário, Donna puxou uma cadeira e se posicionou sob a copa de uma pereira antiga e nodosa. Eu ainda podia ouvir a sua voz conforme Molly e eu nos afastávamos pelo jardim.

— Snuggles querida, é a mamãe. Estou morrendo de saudade. Por que não vem aqui me dar oi?

Meia hora depois, enquanto Molly dava voltas em um campo de futebol, o meu celular vibrou. Era Donna. Respirei fundo e atendi à ligação.

— Você estava certo! — ela gritou de alegria, e eu pulei e dei um soco no ar. — Funcionou! Ela veio! Está aqui!

A gata e Donna estavam sãs e salvas em casa. De acordo com Donna, elas iam ficar juntas vendo um filme e comendo pipoca aquela noite, como costumavam fazer em Fremantle.

— É isso aí, Molls. — Eu batia a bolinha de tênis contra a trave do gol. — É por esse motivo que fazemos o que fazemos.

De novo, minha decisão de encontrar um cão farejador de gatos — e de adotar a maravilhosa Molly — tinha sido total e profundamente justificada. Ser capaz de reunir animais de estimação perdidos e seus "pais" fora a minha motivação desde o início, mas colocar aquilo em prática se mostrou muito mais recompensador do que eu poderia ter imaginado. Graças à nossa equipe, o laço que unia Donna e Snuggles fora restaurado, o que era a melhor sensação do mundo.

Cerca de uma semana depois, estávamos à procura de outro animal que viera de outro país. Tom, um gato listrado cujo miado podia acordar todo o bairro fora resgatado das ruas de Frankfurt por uma brasileira,

Marcella, que trabalhava na cidade como executiva de mídia. Tom se tornou o amorzinho dela e passou a ter uma vida cheia de mimos.

No fim de 2017, Marcella foi transferida para um escritório em Worthing, no Reino Unido. Ela estava animada com o novo desafio e a mudança de cenário, mas não para se separar de Tom durante a longa jornada até a Inglaterra. Em vez de uma balsa ou um voo, Marcella reservou um carro com uma empresa especializada no transporte de cães, gatos e seus donos para poder ficar ao lado dele durante a viagem. Tom se adaptou bem ao novo lar, a transição para o novo trabalho deu certo, e a vida parecia boa.

Certa noite de outono, ao voltar do escritório, encontrou um bilhete escrito à mão sobre seu capacho: "Por favor, vá ao número 78. Acho que o seu gato se envolveu em um acidente. Neil."

Neil, que morava duas casas adiante, teve que dar a ela a terrível notícia de que, depois do almoço, tinha visto Tom ser atropelado por um carro azul ao atravessar a rua.

— Ah, meu Deus, meu pobre bebê! — gritou Marcella, levando as mãos ao rosto. — Ele se machucou muito?

— Não tenho certeza. O gato foi pego em cheio, mas conseguiu mancar até aquela entrada. — Neil apontou para a casa do outro lado da rua. — Fui dar uma olhada, mas não o encontrei. Sinto muito.

Marcella tirou uma folga no dia seguinte para procurar por Tom, mas não teve sorte.

Na manhã seguinte, eu estava recebendo seis novas galinhas na fazenda quando atendi à sua ligação. Ela estava profundamente traumatizada e temia que o pior tivesse acontecido com seu gato machucado. Como a vida de Tom podia estar em perigo, o treino daquela tarde foi devidamente abandonado.

— Muito bem, Molls, mudança de planos. Parece que vamos para Worthing — eu disse, apressando o último animal para dentro do galinheiro.

Demos um pulo na minha casa para pegar alguns mapas e o equipamento de busca. Sarah, que estava fazendo home office, nos recebeu na porta.

— Que bom que passaram aqui. — Ela sorria, e seus olhos brilhavam. — Tenho que resolver um probleminha com você, Molly...

— Ih, o que foi que ela fez agora? — perguntei.

Embora o seu comportamento dentro de casa tivesse melhorado muito, Molly ainda era capaz de muitas travessuras.

Com a expressão triste de quem dizia *Estou encrencada, não estou?*, Molly olhou para Sarah, depois para mim e de novo para minha namorada.

— Como você sabe, Colin, eu vinha me perguntando onde todas as minhas meias tinham ido parar. Acho que descobri. — Sarah enfiou a mão no bolso do casaco e puxou um punhado de meias de lã antiderrapantes em tons pastel. Algumas tinham furos grandes, outras pareciam ter passado por um moedor de carne.

— Pode falar — eu disse, e nossa suspeita soltou um grunhido culpado e bateu as patinhas.

— Parece que essa palhacinha inventou um jogo que envolve roubar as minhas meias. — Sarah se esforçava para conter o riso.

A teoria da minha namorada era que Molly roubava disfarçadamente as meias da cesta de roupas para lavar ou da cômoda e as escondia nos lugares mais estranhos.

— Estava dando um jeito nas coisas e descobri uma meia debaixo do assento do sofá, outra atrás do fogão, uma terceira enfiada sob o colchão do quarto de hóspedes e outra ainda atrás de um vaso de planta.

— Acho que Molly vai ter que ir à Marks and Spencer comprar novas, não acha? — Sorri.

— Creio que sim. — E o rosto de Sarah se abriu em um amplo sorriso.

Molly, intuitiva como sempre, percebeu que a minha namorada estava brincando e abanou o rabo, trotou até ela, a encarou como quem diz *Estou perdoada?* e recebeu um abraço bem-humorado em troca.

Expliquei para Sarah que Molly e eu íamos a Worthing para procurar Tom.

— Sugiro que leve suas luvas, Colin. Deve estar fazendo frio no litoral.

— Boa ideia. — E fui pegá-las no armário. Dei uma olhada nas minhas luvas de couro e comecei a rir no mesmo instante. Todos os dedos estavam furados.

— MOLLY! —, gritamos juntos.

Durante os quarenta e cinco minutos de viagem com Molly, a ladra de meias e roedora de luvas, refleti sobre a tarefa que tinha pela frente. A possibilidade de que Tom tivesse sido atropelado por um carro tornava o caso muito preocupante. Normalmente, um gato não sobreviveria mais que uma semana a um trauma. Para piorar, feridas abertas ou ossos quebrados podiam infeccionar e ainda havia a possibilidade de desidratação em caso de sangramento interno ou falta de mobilidade para encontrar água.

O fato de que ele provavelmente não tinha se afastado muito nos ajudaria, já que a área de busca não precisaria ser muito extensa. Meus anos de experiência me ensinaram que um gato acidentado fugia instintivamente para escapar da fonte de dor. Estimulado por um reflexo ao choque e alimentado pela adrenalina, ele muitas vezes corria para o refúgio mais próximo: a segurança de um barracão nas proximidades ou uma garagem aberta. Um gato ferido não sentia vontade de voltar para casa e acabava se mantendo distante do local do acidente.

Eu esperava que meus conhecimentos sobre comportamento felino e as comprovadas habilidades de Molly nos ajudassem a localizar Tom, porque estávamos correndo contra o relógio.

Precisei de meia hora para acalmar Marcella. Quando ela se controlou, me falou sobre as peculiaridades e os hábitos de Tom, o que me permitiu ter uma boa noção de como seu gato era, e me forneceu uma boa quantidade de pelos como amostra que, como sempre, coloquei em um pote de vidro esterilizado e levei para Molly.

— Marcella, esta é Molly.

— Ah, que mocinha mais linda... — minha cliente disse, sorrindo.

A habilidade com que Molly derrubava barreiras entre donos de gatos e cachorros era incrível. Ela conseguia encantar e derreter os corações dos mais ardentes fãs de gatos, e o fato de que encontrava animais desaparecidos aumentava ainda mais o seu carisma. Como se não bastasse, Molly tinha um grande efeito tranquilizador em clientes como Marcella, que se viam tomados por uma sensação real de fé, esperança e otimismo ao verem a pequena spaniel com o peitoral da UKPD.

Ofereci o cheiro de Tom a Molly e começamos a busca imediatamente, porque não havia tempo para conversa. Se desejávamos encontrar Tom vivo, precisávamos ter acesso ao maior número de propriedades possível, e rápido.

Molly e eu nos orientamos depressa com relação às casas vitorianas da avenida em que Marcella morava e conversamos com moradores amigáveis, que abriram o portão do jardim e da garagem das suas residências.

Neil, do número 78, apareceu, assim como alguns vizinhos curiosos, e nos levou até a entrada de carros pela qual Tom havia fugido. Molly correu ansiosa até o final do caminho, bateu com a pata no muro de tijolos vermelhos, virou-se para encarar o grupo de espectadores, baixou o corpo e, decidida, fez o sinal de que encontrara algo e soltou um ronco revelador, que acontecia quando puxava mais ar pra analisar melhor. *Ei, encontrei o cheiro do pote de vidro, pai. Agora posso receber um petisco, por favor?*

— O que foi? O que está acontecendo, Colin? — Marcela quis saber.

— É importante manter a calma agora, mas parece que Molly sentiu um cheiro forte perto do muro, talvez do outro lado. Precisamos entrar na outra casa.

Demos a volta pela propriedade e pedimos educadamente a permissão de um casal de idosos para fazer uma busca na ampla garagem que dava para o muro de tijolos vermelhos.

— Não há motivo pra isso — disse o marido. — Faz semanas que não vou à garagem. Está totalmente trancada. O gato não teria como entrar.

A esposa concordou.

— Ele está certo — ela confirmou. — Seria perda de tempo.

— Eu gostaria de dar uma olhadinha assim mesmo. — Eu tentava não parecer irritado. — Só vai levar dois minutos, prometo.

— Você não me ouviu? A resposta é "não" — retrucou o homem, e a porta da frente foi fechada na nossa cara.

— Droga — eu murmurei.

— Idiota... — sibilou Marcella.

Um de nós não ia aceitar um "não" como resposta. Soltei a coleira de Molly, que percorreu o jardim, pulou por cima de uma pia velha, passou por um carrinho de mão e se lançou contra a porta da garagem. Não fiquei muito surpreso quando ela fez um inegável e impecável sinal de "Deita".

— Isso é ridículo. — Fui em direção da casa para falar de novo com Darby e Joan e notei um carro estacionado à porta da garagem, de onde saiu um homem de quarenta e poucos anos. Imaginei que fosse o filho deles, a julgar pela impressionante semelhança com o homem mais velho.

— Hum, posso ajudar? — ele perguntou, desconfiado, provavelmente se perguntando o que um homem com cara de policial e a sua cachorra preta faziam na propriedade dos seus pais.

Expliquei quem eu era e o que fazia.

— Não vim aqui para causar problemas, sério, mas a minha cachorra está indicando que pode haver um gato preso na garagem dos seus pais. Eles me disseram que não entram lá há semanas e não me deixam entrar também.

— Bom, faz mesmo semanas que os dois não entram na garagem, mas eu entrei. Fiz uma bela arrumação anteontem. Acabou com as minhas costas. Fiquei horas lá.

— Será que consegue pegar a chave?

— Claro... Vou ver onde está. — O homem voltou alguns minutos depois, com a chave nas mãos.

— Tom! Tom! Meu bebê! — gritou Marcella ao ver o seu amado gato emergir dos cantos escuros da garagem.

O pobrezinho mancava muito, porque estava com a perna traseira bastante machucada. Dei uma examinada rápida em Tom e reparei que a perna parecia estar quebrada e que seus olhos estavam baços e as pupilas não respondiam, o que era igualmente importante.

— Ele precisa ser levado imediatamente ao veterinário — informei, torcendo para que Tom fosse forte e resistente o bastante para sobreviver.

Quinze dias depois, sentado no escritório da Bramble Hill Farm com Molly aos meus pés, eu me preparava para fazer algumas ligações de acompanhamento. A primeira era para Donna — eu queria saber como ela andava de saúde e, acima de tudo, um relatório do progresso da sua gata.

— Oi, Colin, que bom que você ligou! Snuggles vai muito bem. Está feliz, adaptada, e não passeou mais até a casa de Ronnie Wood, ainda bem.

— E você, como se sente?

— Estou melhorando. Devagar, mas melhorando. Não quero estragar falando em voz alta, mas acho que o pior já passou.

— Que notícia maravilhosa!

— Minha gata sem dúvida me ajudou na recuperação. Se consegui sobreviver, foi por causa de Snuggles. Minha irmã diz que deviam colocar a gata para trabalhar no sistema de saúde...

Então, adotando um tom mais sério, Donna nos agradeceu pela ajuda.

— Vocês foram incríveis, Colin. Dê um abração em Molly por mim, por favor.

— Claro, Donna. Dê um abraço em Snuggles por mim, também.

Minha próxima conversa foi com Marcella. Tom chegara ao veterinário em péssimo estado e ficara instável pelas primeiras vinte e quatro horas, mas se recuperou bem de uma cirurgia na perna traseira esquerda, que havia sido fraturada no atropelamento.

— E como ele está? — perguntei.

— Bem, a perna terá que ficar imobilizada por alguns meses, o que ele odeia, mas, fora isso, está tudo em ordem.

— Fico muito feliz por isso, Marcella.

— Sem você e Molly, ele não estaria mais aqui, Colin — ela acrescentou, emocionada. — Jamais, jamais esquecerei o que fizeram por nós.

Molly olhou para mim, e eu fiz cócegas no queixo dela.

— O prazer é nosso, Marcella. — Sorri. — É todo nosso.

Coloquei o telefone no gancho e me reclinei na cadeira do escritório. O couro velho estalou, fazendo Molly olhar, levantar a sobrancelha esquerda e inclinar a cabeça ligeiramente para o lado. *Vamos sair, pai?*

Recostei-me, pensando na ligação que havia recebido de Suzie, há tantos anos atrás. Ela estava sofrendo por causa do sumiço de seu gato, Oscar, e me lembrei de que havia prometido a mim mesmo que conseguiria um cão que farejasse gatos. Por curiosidade, peguei minha velha agenda na gaveta e dei uma rápida olhada em suas páginas amareladas.

— Olha só, Molly! — exclamei, quando finalmente encontrei a data certa e os nomes de Suzie e Oscar e a localidade de East Meon anotados na margem. — Foi há cinco anos. Meia década. Nem consigo acreditar.

Molly me deu uma bela lambida na mão — coisa que sempre fazia quando queria passear — e me encarou. *Bom, vamos ou não vamos sair, pai?*

— Vamos sair, sim. — Sorrindo, fechei a agenda e a guardei na gaveta. — Seguiremos de carro até West Wittering e brincaremos bastante na praia. Tudo bem?

A inteligentíssima Molly, ao notar a minha linguagem corporal e me ouvir dizer as palavras "brincar" e "praia", saiu da caminha, pulou no meu colo e começou a lamber o meu rosto.

— Vou entender isso como um "sim" — falei, dando risada.

O gato fujão

Muitas das nossas buscas por animais desaparecidos aconteciam em Londres. Assim, Molly sempre ficava agitada quando visitávamos a capital. Onde quer que fôssemos, as pessoas sempre paravam para brincar com ela. No início, achava que eram atraídas por sua aparência doce, mas acabei percebendo que, na verdade, a minha cachorra superinteligente e desesperada por atenção tinha um efeito quase hipnótico sobre elas. Normalmente, Molly fazia contato visual para encorajar que as pessoas interagissem com ela, e poucas não paravam para fazer carinho quando ela as encarava com seus grandes olhos castanhos. Especialmente turistas estrangeiros.

— Ah, que cachorra mais linda... — eles diziam, agachando-se para tirar selfies com Molly, muitas vezes com o Big Ben ou a Tower Bridge ao fundo.

Rodamos a cidade toda atrás de animais perdidos: um gato malhado, curioso demais, que encontramos preso em uma casa vazia em Greenwich, um tímido gato ragdoll resgatado de dentro do motor de uma van abandonada em Camden, a gata escaminha idosa que achamos dentro de um armário em Battersea e o gatinho azul russo que se escondera em uma caldeira em Westminster.

Uma busca no noroeste de Londres terminou de um jeito realmente inesperado. Um casal de meia-idade entrou em contato comigo por causa do seu cachorro, um patterdale terrier chamado Cola, que havia desaparecido da sua casa em Hampstead durante a tarde. Eles disseram que os funcionários de uma transportadora tinham entrado e saído da casa o dia todo (os donos, Trevor e Pamela, precisavam esvaziar a casa por causa de uma grande reforma), e o cachorro saíra correndo pela porta da frente na direção de Hampstead Heath, ali perto.

— Achamos que ele foi caçar raposas — disse Trevor. — Acho que está no DNA dele.

O que era muito provável. Eu já tinha lidado com patterdale terriers e conhecia suas características e tendências. Eram mais um "tipo" que uma raça e foram criados originalmente por caçadores para perseguir raposas no terreno selvagem da região dos lagos. Quando a caça às raposas foi proibida, em 2004, o patterdale perdeu essa função e nunca se tornou uma das escolhas mais populares para animal de estimação por causa de seu comportamento bastante problemático. Os donos que escolhiam ter esses animais — como Trevor e Pamela — logo descobriam que perseguir raposas continuava sendo um comportamento natural para eles, mas agora em parques locais e bosques. Cola estava desaparecido há mais de vinte e quatro horas, e os seus donos temiam que uma toca de raposa tivesse desmoronado em cima dele ou que ele houvesse ficado preso em uma. Eu já lidara com alguns casos de terriers presos em tocas de raposa ou texugo, então não era nada de novo para mim.

— Se você mostrar o cheiro de Cola à sua cachorra, acha que ela pode descobrir onde ele está? — perguntou Trevor durante a nossa primeira conversa telefônica.

Expliquei que Molly fora treinada para farejar gatos, mas que também se envolvera em buscas bem-sucedidas de cachorros desaparecidos, como Buffy e Newton.

— Não posso garantir nada, mas vamos tentar — disse, concordando em ir até a casa deles no dia seguinte.

Trevor e a esposa moravam em uma bela propriedade cercada por luxuosas mansões. Algumas delas, ele me disse, pertenciam a diversas celebridades e estrangeiros famosos. Enquanto Trevor e eu passeávamos com Molly pelas avenidas de Hampstead, pude entender por que a área se tornara uma das mais desejadas da capital. Ao pararmos para admirar uma propriedade muito imponente, fomos abordados por um segurança, que pediu que mostrássemos nossas identidades porque o sistema interno de câmeras havia captado nossa presença. O problema é que tínhamos escolhido ficar à toa bem do lado de fora da casa do embaixador da Malásia, cuja segurança tinha sido reforçada por causa de uma roubo recente. No final, ele nos liberou, mas não antes de brincar um pouco com Molly.

— Séculos atrás, trabalhei com cocker spaniels farejadores. — Ele sorriu quando Molly colocou a pata dianteira sobre o seu pé. — São animais fantásticos, eu os adoro. Quer trocar de emprego comigo?

— Acho que não — falei, rindo.

Nós nos aproximávamos de Hampstead Heath quando Trevor me disse que passara a manhã inteira localizando tocas de raposa. Descobri que havia dezenas de refúgios sob pilhas de madeira e buracos no solo. Era comum que uma fêmea escavasse diversas tocas e que revezasse o uso para evitar predadores e se aquecer com sua cria. Pelos cálculos de Trevor, havia quatro ou cinco fêmeas no Heath naquela época do ano, o que significava que haveria cerca de quarenta tocas.

— O seu trabalho começa aqui, mocinha — disse a Molly, que farejava, animada, a amostra do cheiro de Cola no pote de vidro. Permiti que ela "seguisse o seu nariz", e fomos de toca em toca, da maneira mais discreta possível, para não perturbar quem pudesse estar dentro delas.

Três horas depois, o céu já começava a escurecer e o ar, a ficar ligeiramente mais úmido, mas ainda não tínhamos achado nenhum sinal de Cola. O tempo estava passando e, como Molly não tinha encontrando nada ainda, comecei a desconfiar que o cachorro de Trevor tinha se aventurado para mais longe.

— Talvez uma raposa tenha atraído Cola para algum lugar mais distante para afastá-lo dos seus filhotes — sugeri, porque era algo que acontecia com certa frequência. — Vamos tentar por mais vinte minutos, depois teremos de parar.

— Compreendo totalmente, Colin — concordou Trevor, desanimado.

Nós nos aproximamos de uma pequena clareira coberta de folhas, galhos e fungos e pala sombra de um velho castanheiro-da-índia. Molly estava à nossa frente, chutando gravetos e pisando em cogumelos, mas ao chegar à árvore, ela parou, virou-se para mim e olhou nos meus olhos. No último ano, Molly e eu tínhamos aprendido a interpretar a linguagem corporal e o comportamento um do outro. Pelo que pude entender, Molly estava indicando que encontrara a um cheiro estranho e confuso, algo sobre o qual ela não tinha certeza absoluta.

Encontrei alguma coisa, mas não é o cheiro-alvo... O que quer que eu faça, pai?

— O que você encontrou, garota? Me mostra. — Aproximei-me para investigar de perto.

Eu não via nada além de folhas. Estava prestes a dispensar Molly quando, antes que eu desse o comando, ela começou a cavar furiosamente. Ela abria o solo à sua volta e enfiava o nariz no buraco que se tornava cada vez mais fundo, até que pegou algo com os dentes: parecia ser um saquinho de veludo azul, que estava coberto por uma espessa camada de terra e cujo tamanho era mais ou menos o de uma bolsa de água quente. Molly o soltou no chão e diversos itens brilhantes e metálicos caíram de lá e rolaram até meus pés.

— Meu Deus! — Trevor riu, examinando a pilha brilhante de colares, anéis e pulseiras. — A sua cachorra farejou as joias da coroa!

Dei a Molly um petisco e mandei que se deitasse enquanto eu dava mais uma olhada. Ajoelhei-me no chão, observei o buraco e escavei o solo com os dedos. Dois minutos depois, desenterrei duas caixinhas de joias de madeira, ambas forradas com uma seda azul que estava empapada e quase se desfez ao ser trazida gentilmente para a superfície. O focinho curioso de Molly apareceu sob o meu braço, e ela, interessada, me observou abrir as caixas e tirar de lá diversas correntes de ouro, colares de pérola, brincos, broches e abotoaduras. Um anel antigo, decorado com pequenos diamantes e rubis, chamou minha atenção.

— Nossa, olha só pra isso, Molls! — Eu admirava as pedras do anel brilhando à luz do sol. — Alguém perdeu as suas lindas joias.

Transferi cuidadosamente o nosso pequeno achado para uma sacola (que eu sempre mantinha em um dos bolsos do cinto de utilidades) e fechei-a com um nó, só para garantir.

Naquele momento, percebi que Molly não aguentava mais. Assim, mesmo relutantes, tivemos que nos despedir de Trevor.

— Sinto muito que não tenha sido o resultado que você esperava. — Apertei a mão dele. — Mas me mantenha informado. Estou confiante de que Cola vai aparecer mais cedo ou mais tarde. Se encontrar mais tocas de raposa por aqui, me liga. Eu ficaria muito feliz em voltar com Molly.

— É muita bondade sua, Colin. E muito obrigado pelo que vocês dois fizeram hoje, ainda que o pequeno travesso continue sumido.

Molly, muito perceptiva, deu um passo na direção de Trevor, encostou o corpo na perna dele e choramingou de leve, como se entendesse a dor dele.

Apesar de decepcionado por não encontrarmos o cachorro, estava muito satisfeito por termos feito tudo o que podíamos, considerando as circunstâncias. Molly havia inspecionado cada uma das tocas de raposa, logo o nosso cliente podia ir para casa com a certeza de que uma busca tinha sido feita em toda aquela área e que ele ainda podia se agarrar à esperança de que o seu cachorro continuava vivo, ainda que distante.

Na manhã seguinte, na cozinha de Bramble Hill Farm, Sam limpou e poliu as joias e as deixou espalhadas em uma bandeja para secar. Depois de avaliação mais detalhada, percebemos que metade das peças encontradas por Molly eram joias antigas de boa qualidade, feitas de ouro e prata, algumas delas adornadas com diamantes, rubis e pedras semipreciosas, e a outra metade eram bijuterias grosseiras e exageradas.

— Quanto acha que valem? — Sam estava experimentando uma gargantilha de pérolas, e Molly, fuçando na cozinha.

— É difícil dizer. — Dei de ombros. — Espero que possamos achar o proprietário, talvez ele saiba. Se forem mesmo diamantes e rubis, devem valer mais de dez mil.

Nos dias seguintes, entrei em contato com diversas pessoas e lugares para tentar localizar o dono das joias. Primeiro, tentei a embaixada da Malásia, porque me lembrei do que o segurança havia me contado sobre o roubo. Será que a descoberta inesperada de Molly era parte do que fora levado? Será que os ladrões tinham enterrado o tesouro entre as árvores porque voltariam para recuperá-lo? Será que a embaixatriz percebera que suas joias favoritas tinham sido levadas? Para a minha decepção, ninguém respondeu às minhas inúmeras ligações e e-mails, o que me fez concluir que não era o caso.

Entrei em contato com a polícia, mas uma mulher me disse que não fazia muito sentido levar o que eu havia achado para a delegacia, pois eles não tinham como saber por quanto tempo as joias haviam ficado escondidas debaixo da terra — de fato, eu nem sabia se elas tinham sido roubadas realmente — e os investigadores demorariam muito para verificar todos os registros.

— A melhor coisa a fazer é ficar com elas enquanto tenta achar o dono — ela disse. — Se ninguém aparecer, fique com elas.

Como eu já tinha sido policial, tinha plena noção de que a polícia tinha poucos recursos, mas de uma coisa eu tinha certeza: no meu tempo, pelo menos pediríamos que as joias fossem levadas à delegacia para uma averiguação.

Prossegui com a busca. Enviei fotos de algumas das peças para jornais locais e sites comunitários. Recebi muitas respostas, mas todas foram enviadas por golpistas, pois nenhum deles conseguiu comprovar que as joias lhe pertenciam.

Assim, Sam e eu decidimos enviar as peças para uma loja que vendia joias de segunda mão. O dono concordou em ficar com elas até que algum interessado aparecesse.

— Por enquanto, Molly, tudo isso é seu. — Sorri, equilibrando uma delicada tiara entre suas orelhas caídas. — Achado não é roubado, certo?

Sam estava tirando uma fotografia de Molly em uma pose imponente quando meu telefone tocou. Era Trevor, que me deu a maravilhosa notícia de que Cola voltara para casa. Sua fuga para Hampstead Heath o deixara exausto e ele sujo de terra até onde não dava, mas estava bem e em segurança.

— Isso alegrou o meu dia, Trevor — afirmei, ouvindo o latido animado do terrier ao fundo.

Em dezembro de 2017, voltei à capital com minha fiel companheira. Eu aceitara um caso em Brixton, no sul de Londres. O animal desaparecido, um gato de pelo curto inglês laranja chamado Columbus, pertencia a uma adolescente, Harriet, que morava com os pais e outros quatro gatos. Uma manhã, o pai, Kenneth, ia levar Columbus ao veterinário para um *check-up* de rotina, pois Harriet tinha prova na escola e não poderia fazê-lo. Como o clima de inverno estava agradável — frio, mas ensolarado —, ele decidiu ir até lá andando. Colocou Columbus, que estava bastante agressivo, em uma caixa de transporte e cortou caminho pelo parque, evitando as poças congeladas e passando pelas coníferas cobertas de gelo ao longo do trajeto. Saiu pelo portão, dirigiu-se à rua principal e passou a caixa de transporte para a mão direita, porque o gato era pesado, antes de atravessar a rua e chegar à clínica.

Quando Kenneth estava próximo da porta deslizante, um jovem saiu correndo por ela. Ele tentava desesperadamente segurar a guia de um grande setter inglês que não parava de latir. Ansioso e agitado, ele encarou a caixa de transporte de Columbus e, rosnando e babando, forçou seu focinho contra a rede frontal de proteção. O pobre coitado deve ter morrido de medo.

— Pode controlar esse cachorro, por favor? — gritou Kenneth, apressando-se em direção à entrada.

Naquele momento, a pata direita de Columbus rasgou a rede, e, em um piscar de olhos, ele abriu um buraco enorme, por onde fugiu. Kenneth largou a caixa de transporte e o perseguiu, mas ele desapareceu ao passar para o outro lado de um muro de três metros de altura. Apesar dos esforços de algumas pessoas que passavam no momento, o gato não foi encontrado.

Dar a má notícia a Harriet fora traumático, porque ela ficou muito aflita, temendo nunca mais tornar a ver o seu querido Columbus.

— Eu disse que a caixa estava caindo aos pedaços, pai, e que precisávamos comprar uma nova — ela gritou, abraçando o cobertor favorito do gato —, mas você não me ouviu, e olha o que aconteceu! É culpa *sua*! Columbus provavelmente está *morto* e o Natal vai ser *horrível*...

Harriet, aos prantos, subiu a escada correndo e foi para o quarto, enquanto sua mãe, Sally, tentava consolar o marido:

— Ela não acha isso, meu amor, só está sofrendo. Dê tempo ao tempo, e vai ficar tudo bem.

Harriet acabou se acalmando — e pediu desculpas ao pai. Nas quarenta e oito horas seguintes, os dois fizeram buscas pelas ruas movimentadas de Brixton, chamaram o nome de Columbus até ficarem roucos e entregaram folhetos feitos às pressas sobre o desaparecimento. Ninguém o tinha visto, infelizmente.

Harriet me ligou na semana seguinte, exausta e desesperançada. Ela postara um apelo nas redes sociais, que alguém respondera sugerindo que procurasse "aquele detetive de animais que apareceu com o cachorro no *This Morning*". E foi o que ela fez.

Harriet deu sorte. Molly e eu tínhamos acabado de encerrar uma busca simulada de duas horas, e eu estava resolvendo algumas pendências burocráticas com Sam quando o telefone tocou. Para mim, estava claro que conseguiríamos encontrar o gato fugido no sul de Londres, mas eu tinha duas preocupações. Primeiro, a área de busca era urbana e populosa, ou seja, todos os cheiros, ruídos, tumulto e confusão podiam afetar as aguçadas habilidades de farejamento de Molly; além disso, as buscas urbanas tendiam a ser mais difíceis e a consumir mais tempo que as rurais. Segundo, havia outros gatos na casa. Columbus tinha quatro "irmãos", e, se eu não conseguisse localizar uma amostra exclusivamente com o cheiro dele, a busca não avançaria.

— Não vou demorar muito, querida — disse a Molly ao estacionar. A viagem demorara uma hora e meia, e Molly estava louca para começar a trabalhar, mas, como sempre, era importante que eu passasse um tempo com os donos para reunir o máximo de informação possível e para coletar uma boa amostra de pelos de Columbus.

Harriet me disse que tinham adotado Columbus quando ele ainda era filhote e que escolheram esse nome porque ele sempre saía para explorar. Além disso, ele não era nada tímido, mas sim durão, confiante e capaz em todos os aspectos.

— Ah, ninguém mexe com Columbus — afirmou Harriet. — Meus outros gatos às vezes sofrem com o temperamento dele. Ele fica louco da vida se pegam a comida dele... Tem um apetite gigantesco.

Ela também me disse que ele odiava ir ao veterinário para os *check-ups* de rotina, o que facilitou a identificação da causa e do gatilho da sua busca por liberdade. A conturbada viagem em uma caixa de transporte mais frágil que o devido pelas ruas movimentadas de Brixton, por si, já teria elevado seus níveis de estresse às alturas. A fachada e o cheiro da temida clínica já seriam motivos suficientes para ele fugir, mas o focinho indesejado do cachorro fora a gota d'água e fizera com que ele escapasse de maneira tão desesperada.

Vinte minutos depois, a nossa equipe de busca reforçada — pai, filha, Molly e eu — começou a procurar Columbus. Como eu desconfiava, a alta densidade da área tornava a tarefa bastante difícil.

Fomos até a clínica veterinária para verificar a rota de fuga de Columbus e decidimos visitar a propriedade localizada do outro lado do muro que ele pulara. Eu estava um pouco preocupado com relação ao acesso, pois os moradores urbanos tendiam a ser mais cautelosas e desconfiadas que as do interior, especialmente quando um homem usando um uniforme parecido com o da polícia bate à sua porta com um cão farejador preso à coleira. Mas foi besteira: a maior parte dos lojistas e moradores que encontramos foi extremamente prestativa e solícita, incluindo os funcionários da casa de repouso que visitamos depois de duas horas de busca.

Com o cheiro da amostra ainda em suas narinas, Molly se animara ao passar pela entrada, então fiquei ansioso para entrar lá. Falei com uma enfermeira que estava chegando para assumir seu turno e que, por sorte, adorava gatos. Ela ficou muito sentida ao saber do desaparecimento de Columbus.

— Isso é tão triste... — lamentou, com um leve sotaque do sul da Irlanda. — Me encontre nos fundos, que abro o portão pra vocês. Não deveria fazer esse tipo de coisa, mas, considerando as circunstâncias...

Kenneth e Harriet permaneceram do lado de fora, e Molly e eu começamos a busca pelo jardim. Como não havia muitas áreas verdes em regiões mais urbanas como Brixton, aquele lugar era um pequeno oásis.

Três quartos dele eram tomados por um grande gramado decorado com enfeites, vasos e bebedouros para pássaros. Nos fundos, via-se uma grande horta onde cresciam diversos vegetais de inverno: brócolis, repolho, cebola e pastinaca.

— Os idosos gostam de ficar sentados aqui, principalmente quando sai sol. — A enfermeira apontou para as cadeiras de ferro que pontuavam a área. — Eles gostam de ver o jardim crescer...

— E o que vão colocar na nossa sopa também — complementou alguém atrás de nós.

Ao me virar, me deparei com uma mulher pequena de cabelos grisalhos.

— Sou Gracie. — Ela sorriu e me estendeu uma mão trêmula. — Vi essa cachorrinha linda lá da estufa e tive que vir dar um oi.

Ela perguntou se podia fazer carinho em Molly e aproveitou para me contar sobre os vários gatos, cachorros, papagaios e periquitos que teve ao longo da vida. Os idosos não podiam ter animais de estimação — para sua decepção —, mas Gracie me falou que tentava se manter perto da natureza ao encher os bebedouros com água fresca, especialmente durante a frente fria, e ao dar uma escapadinha para o jardim todas as manhãs para alimentar — com comida de gato ou cachorro — os ouriços, as raposas e os animais sem dono que passavam por ali.

Comida de gato?, pensei. *Quanto antes revirarmos este jardim, melhor.*

Molly estava sendo paciente como sempre, mas, depois de alguns minutos de carinho por parte da senhora, senti que minha cachorra estava tão louca para continuar a busca quanto eu.

— Foi ótimo conversar com você, Gracie, mas temos que prosseguir.

— Claro. Tudo de bom pra vocês. Espero que encontrem Columbus. — Apoiando-se no braço da enfermeira para ter mais apoio, Gracie começou a mancar de volta para a casa.

Reapresentei a amostra de cheiro para Molly para incrementar a busca, e ela disparou para o fundo do jardim. Depois de farejar impacientemente um buraco na cerca, ela fez um lindo "Deita". Ao me aproximar, identifiquei alguns chumaços de pelo alaranjado presos às bordas irregulares do buraco na cerca. Podia-se afirmar, com certeza, que Columbus estivera ali.

— Trabalho brilhante, Molly — eu disse, enquanto ela pegava os petiscos da palma da minha mão.

Kenneth e Harriet ficaram muito felizes com os resultados positivos, e voltamos para a casa deles para decidir como proceder. Concluí que Columbus provavelmente visitava o jardim da casa de repouso para beber a água fresca dos bebedouros para pássaros e para atacar a comida que Gracie deixava para os ouriços. Ele provavelmente aparecia à noite, talvez após o "toque de recolher" da casa de repouso, e voltava para um abrigo, possivelmente debaixo da ponte por onde passava o trem, que ficava ali perto.

Vigiar o local durante a noite não era possível, infelizmente. Molly quase excedera o seu limite diário de seis horas de trabalho, e logo teríamos que voltar a Cranleigh. Como alternativa, decidi montar uma rede de câmeras de visão noturna da mais alta tecnologia, que ficariam ligadas ao meu *laptop* para que, quando eu chegasse em casa, pudesse poderia monitorar as gravações e alertar os meus clientes sobre qualquer atividade significativa (como eles moravam a duzentos metros da área, poderiam correr para lá se necessário). Uma câmera ficaria apontada para um prato estrategicamente posicionado de peixinhos fritos, que me parecia um jeito infalível de atrair o faminto Columbus. Eu sempre trazia comigo um pacotinho do que eu chamava de "caviar" — os gatos não conseguiam resistir e sentiam o cheiro de peixe a centenas de metros.

Com tudo isso em mente, voltei para a casa de repouso para falar com a enfermeira que adorava gatos, que foi bondosa o bastante e nos autorizou a instalar as câmeras. Vi Gracie sentada na sala de tevê assistindo a *Mary Berry's Christmas Party*. Como eu precisava de um favor enorme, fui dar uma palavrinha com ela. Os seus olhos se arregalaram quando ela notou a minha aproximação.

— Encontraram o gato?

— Ainda não — falei sorrindo —, mas tenho bons motivos para acreditar que ele esteve no seu jardim, talvez por causa da comida que você coloca.

— É mesmo?

— Parece que sim.

Contei-lhe tudo sobre a Operação Columbus e expliquei que, além das câmeras, eu precisaria de um par de olhos que ficasse observando de lá de dentro.

— Acha que poderia me ajudar com isso, Gracie? Tudo o que você precisa fazer é manter os olhos no jardim, como já faz normalmente, e ligar para os donos de Columbus se por acaso o vir. Você nos ajudaria *muito*.

— Está me pedindo para ajudá-lo?

— Sim. Você seria parte da Equipe Molly. — Fiquei surpreso ao ver seus olhos se enchendo de lágrimas.

— É muita bondade sua me pedir isso, Colin. — Ela deu tapinhas na minha mão. — É bom me sentir útil, pra variar. A gente se sente um pouco invisível quando passa dos noventa.

Que senhora encantadora, pensei ao entrar de novo no carro.

Por volta das dez da noite, um cansado e faminto gato laranja entrou pelo buraco na cerca da casa de repouso, foi até o prato com os peixinhos fritos e começou a se refestelar. Ao mesmo tempo, uma senhora sentada à janela do quarto apertou os olhos atrás dos óculos de armação preta. Ela soltou um ruidinho de deleite e telefonou depressa para o número no post-it que segurava desde o jantar.

Em dois minutos, Columbus estava de volta aos braços da dona, e tínhamos chegado a um final feliz.

Fiquei muito animado por Harriet — afinal, tudo o que ela desejava de Natal era Columbus —, mas me senti igualmente satisfeito por Gracie, que só queria sentir-se necessária.

No dia seguinte, Molly e eu voltamos ao sul de Londres. Nossa primeira parada foi na casa de Kenneth, em Brixton. Lá, ao lado de uma enorme árvore de Natal cheia de pisca-piscas, encontramos Harriet e

Columbus aconchegados juntos no sofá. A expressão distraída em seu rosto dizia tudo.

— Não acho que é o gato que está ronronando — brincou Kenneth. — Ela mal saiu do lado dele. Graças a vocês, não vamos precisar cancelar o Natal.

Fomos então para a casa de repouso para pegar as câmeras que eu havia instalado. Molly e eu fomos recebidos no portão do jardim pela simpática enfermeira, que expressou seu prazer e alívio por Columbus ter sido encontrado e nos informou que Gracie — que estava tirando uma soneca — ficara igualmente feliz.

— Estou muito feliz por te encontrar hoje, porque queria agradecer pessoalmente por ter sido tão bondoso com Gracie — a enfermeira disse. — Ela é uma senhora muito inteligente, e acho que às vezes se sente um tanto entediada aqui. Ela estava tão feliz à mesa do café hoje... Não conseguia parar de sorrir. Contou a todos que havia ajudado na Operação Columbus.

— É ótimo ouvir isso. — Sorri. — Você pode me fazer um favor e entregar esta foto a ela?

Apanhei uma fotografia de Molly da carteira, peguei uma caneta do bolso e escrevi: "Para Gracie. Não teríamos conseguido sem você. Muitas felicidades, da Equipe Molly".

Quando terminei de desinstalar as câmeras, o sol começava a se pôr. O céu nublado tinha adquirido um tom sépia e uma brisa fria ganhara força. A ideia de ficar preso no carro na hora do rush não me animava muito, então decidi fazer o trajeto de cinco minutos até Clapham Common. Eu podia passar o tempo no meu parque preferido no sul de Londres, onde não ia faz um tempo, e Molly podia esticar um pouco as patas antes de ir para casa. Foi só quando estacionei no lugar de sempre — perto da encantadora Holy Trinity Church e de sua inconfundível torre branca — que me dei conta de que o parque estava decorado para o Natal.

"Bem-vindo a Invernópolis!", gritavam os cartazes fixados nos troncos e nos postes pelos quais passávamos. Todo mês de dezembro, o lugar era transformado em um parque temático: a piscina pública virava uma pista de gelo, a marquise abrigava um circo e o resto do espaço fervilhava com barracas de comida e brinquedos de parque de diversões. Era muito agradável ver as famílias felizes se misturando a casais apaixonados e estudantes animados, todos tomados pelo espírito natalino.

— Bom, é mais do que eu esperava, Molls. — Coloquei nela o peitoral vermelho de treinamento com uma lampadazinha azul. — Venha, vamos achar um espaço para brincar.

Nós nos afastamos da multidão e passamos por uma área enlameada com vegetação bastante densa. Por fim, chegamos a uma clareira, onde ficamos por uns bons quarenta minutos brincando de cabo de guerra com um par de meias de futebol. Eu deixava Molly vencer às vezes, e ela dava uma volta olímpica ao meu redor com as meias entre os dentes como se fossem um troféu. Depois, ela voltava para meu lado para brincarmos novamente.

Quando Molly começou a se cansar, e eu, a ficar com fome, voltei a prendê-la na guia e retornamos para a agitada Invernópolis. Escolhi uma barraca de comida alemã, cujos animados atendentes estavam vestidos de elfos, e comprei um chocolate quente, um salsichão e água para acompanhar os petiscos de Molly. Percebi que o elfo-chefe reprimiu um sorriso ao me entregar o pedido, provavelmente surpreso ao ver um homem de meia-idade todo sujo de lama acompanhado de uma cachorra imunda, ambos cheios de gravetos e folhas grudados no corpo.

Exausto, me joguei em um banco próximo. Momentos depois, Molly subiu nele também, aconchegou-se em mim e me encarou com seus enormes olhos castanhos e pidões.

— Sem chance, mocinha. Você já comeu o seu petisco. — Ela choramingou e, depois bocejou longamente.

Molly subiu no meu colo, lambeu a minha bochecha e, com delicadeza, colocou uma pata no meu pulso. Por alguns minutos, fiquei observando a roda-gigante se movimentar lentamente no céu cada vez mais escuro, ouvindo as conversas animadas entre familiares e amigos e sentindo o cheiro de vinho quente e torta de carne moída. Uma procissão de ônibus londrinos muito iluminados passava constantemente pelo parque para que mais passageiros desembarcassem para desfrutar das festividades. Conforme Molly se aninhava, eu conseguia sentir o seu coração batendo perto do meu — *tum-tum, tum-tum*. Como sempre fazia nessas ocasiões, comecei a conversar com ela fazendo carinho na sua cabeça:

— Você consegue perceber, Molly, que faz quase um ano que estamos juntos?

Ela levantou a cabeça, e seus cílios longos se movimentaram como se dissesse: *Sério? Uau!*

— Quantas aventuras tivemos, não? — Sorri. — Todas as pessoas adoráveis que conhecemos, todos os lugares maravilhosos que visitamos.

Indiferente às pessoas que passavam, acessei as minhas memórias e relembrei os nomes de alguns animais de estimação e de clientes cujas vidas tinham sido tocadas pela minha incrível cachorra resgatada. Tim e Rusty. Margaret e Chester. Renu e Buffy. Edward e Sapphire. Trine e Newton. Donna e Snuggles. E, é claro, Harriet e Columbus. Lembrei-me então daqueles que tinham nos apoiado durante a nossa maravilhosa jornada: Claire, Rob e Mark, da Medical Detection Dogs, a minha grande amiga Anna, os meus pais, o meu filho, a minha namorada...

Olhei para Molly e notei que as suas pálpebras começavam a se fechar e que a sua respiração ficava mais pesada.

— Desculpa, estou atrapalhando o seu sono, Molls? — Tornei a sorrir.

De repente, notei que algo branco e fofo tinha aterrissado sobre o focinho dela. O que aconteceu mais uma vez. E outra. Molly acordou e saltou do meu colo. Para a diversão das pessoas que passavam no momento, ela começou a pegar com a boca os flocos de neve que desciam do céu em espiral.

É isso que chamo de DIVERSÃO, pai! Faz UM SÉCULO que não brinco com essa coisa branca!

Deixei que ela empinasse o corpo e se brincasse no chão por uns bons quinze minutos antes de chamá-la de volta e acariciar delicadamente a sua cabeça. Molly sentou-se no banco com a língua dependurada de um lado da boca, soltando nuvens de vapor ao arfar.

— Bom, acho que é hora de ir pra casa, mocinha — eu disse, tirei os flocos de neve dos seus pelos e prendi a guia. — Parece que o trânsito finalmente melhorou.

Quando passamos pela Holy Trinity Church de novo, senti vontade de parar e aproveitar a vista. O edifício era magnífico, e sua iluminação ressaltava seus contornos na paisagem de inverno. Enquanto eu a admirava, com Molly ao meu lado, me senti realmente abençoado. Lá estava eu, na cidade de que mais gostava, em uma noite mágica, me divertindo com a minha linda cocker spaniel.

Você precisa registrar esse momento, Colin, pensei.

Então, peguei o celular, me agachei ao lado da minha cachorra, abri um grande sorriso e tirei uma selfie rápida. Ao ver a foto, sorri. Estávamos cansados, mas felizes. Mandei-a imediatamente para Sarah, com uma legenda: "Molly e eu".

Epílogo

Minha história começou à beira das florestas tropicais da Malásia e de Singapura, por onde meu irmão e eu corríamos, acompanhados de muitos amigos caninos, como se fôssemos personagens de algum livro. Foi uma época muito boa, cheia de experiências incríveis, que certamente influenciaram todas as minhas decisões relacionadas a animais.

No meio de dezembro de 2018, Molly chegou à marca de cem buscas e setenta e quatro resgates de gatos — além de seis cachorros e de uma tartaruga —, muitos dos quais teriam morrido sem sua ajuda. Os outros vinte e seis gatos ainda não foram encontrados, embora tenhamos feito tudo o que podíamos. Talvez alguns tenham se perdido e foram para bem longe de sua casa original, ou morreram em algum canto por causa da idade. E outros ainda simplesmente não quiseram ser encontrados, adotaram novos donos ou passaram a viver soltos.

Molly é uma cachorra que nunca para de me surpreender. Ela sempre testa as regras que estabeleço e nunca aceita realmente o meu direito de impor a minha vontade sobre a dela. E por que aceitaria? Somos, afinal, uma equipe, e Molly merece ser tratada como uma igual. Ela é uma excelente solucionadora de problemas e se lembra de todos os lugares em que localizou um gato até então desaparecido. A sua descoberta mais rápida levou menos de cinco minutos e ela recentemente passou a tocar com o nariz os esconderijos dos gatos desaparecidos, algo que ela só pode ter aprendido ao observar os cães de biodetecção treinados na MDD.

Embora esteja preparada para compartilhar tudo o que sabe com o mundo, o mesmo não pode ser dito dos gatos. Eles têm fama de ser dissimulados e indiferentes, de se comportar de maneira imprevisível e de parecer felizes um dia e fugir no outro. No entanto, sou um detetive experiente e aprendi o valor da paciência. A cada investigação, aprendo um pouco mais sobre essas criaturas supostamente furtivas e estou começando a identificar padrões no comportamento deles, o que me ajuda a compreender melhor por que fogem e, principalmente, onde começar a procurá-los quando o fazem. Acho que, no final das contas, os gatos não são dissimulados assim. Um gato infeliz muitas vezes se esforça consideravelmente para mostrar o seu descontentamento ao dono muito antes de abandonar a sua casa. Se perceber que o seu gato está se comportando de maneira estranha, é porque ele quer que você note isso. Assim, preste sempre bastante atenção, porque você poderá se poupar de muito sofrimento.

Um último comentário: eu adoraria ter incluído todos os casos que investigamos e mencionar todas as pessoas maravilhosas com que trabalhamos, mas é gente demais para um único livro. Além disso, temos muito mais casos para investigar, e estou planejando encontrar um novo aprendiz... mas isso é outra história.

Agradecimentos

Dedico este livro ao meu irmão David, que morreu nos braços da sua esposa, Katrina, logo depois de seu aniversário de vinte e um anos. Durante todos os anos que lutou bravamente para derrotar uma doença terrível, nunca o ouvi reclamar. David recebia tudo o que a vida lhe oferecia e seguia em frente, sempre com esperança de que os médicos o fariam melhorar. Até hoje, sinto que o meu irmão cuida de mim e me serve como inspiração para dar o melhor de mim. Ele nunca desistiu, por isso eu também nunca desisto. Foi sob a orientação dele que fui capaz de completar a minha jornada com Molly. Nós provamos que aqueles que duvidavam estavam errados e conseguimos fazer o que disseram que não poderia ser feito. David, eu só queria que você estivesse aqui para ver tudo isso.

Aos meus pais, quero agradecer por permitir que eu explorasse livremente a natureza da Malásia, Singapura e Inglaterra, pelos muitos animais que colocaram na minha vida e por me alistar na Marinha Real. Sinto muito pelos ratos. Sei que vocês achavam que eram os gatos que os traziam para casa.

Minha jornada de policial a investigador particular e, finalmente, a detetive de animais foi uma experiência incrivelmente recompensadora, e, no livro, procurei homenagear aqueles que me inspiraram e apoiaram ao longo do caminho. No entanto, há alguns que acho que merecem ser elogiados de novo.

Sam e Stefan deixaram a minha empresa para seguir novos rumos, mas ainda são grandes amigos e sempre serão. Nós três vivemos aventuras incríveis juntos, quer como detetives particulares ou detetives de animais, e eu não poderia ter criado a UKPD sem o apoio e a lealdade deles. Tenho uma dívida eterna com os dois.

Agradeço à minha grande amiga e guru canina Anna Webb. Se não fosse por ela, eu nunca teria conhecido a maravilhosa equipe da Medical Detection Dogs. Também agradeço à dra. Claire Guest, à dra. Astrid Concha, a Rob Harris e a Mark Doggett, a todos os voluntários e à família que abrigou Molly temporariamente. Vocês fizeram um ótimo trabalho. Ela é uma estrela.

Agradeço aos meus agentes Rowan Lawton e Eugenie Furniss, que acreditaram em mim e permitiram que eu contasse a minha história do meu jeito. E à equipe de ambos, Rory, Rachel, Liane e Lucy, pelo esforço que fizeram para levar o meu livro a um público global. Um agradecimento do fundo do coração a Joanne Lake, que deu tanta profundidade e cor à minha história. A sua paciência, os seus conselhos de especialista e o seu talento ajudaram a criar uma narrativa maravilhosa. Obrigado a Zennor Compton que, com a sua energia e o seu entusiasmo, garantiu que eu escolhesse a editora certa. Também agradeço a Charlotte Hardman, que editou os meus livros, por suas contribuições, seu profissionalismo e sua habilidade de entrar na história.

Agradeço também à minha querida Sarah, que me ofereceu apoio e compreensão incríveis ao longo dos últimos anos, pela sua intuição, pelos seus sábios conselhos e, acima de tudo, por aceitar a presença da minha spaniel travessa e incômoda na sua vida.

E não posso esquecer da minha parceira incrível, encantadora e adorável: Molly. Sem ela, nada disso teria sido possível. Molly me testa o tempo todo, sempre me surpreende e nunca me decepciona. É uma em um milhão.

Finalmente, agradeço a todos os donos de animais de estimação que confiaram e acreditaram em Molly e eu. Obrigado por nos permitir entrar em suas vidas. Adoramos conhecer cada um de vocês.

LEIA TAMBÉM:

O HOMEM QUE ODIAVA MACHADO DE ASSIS
E SE O PRINCIPAL LIVRO DE MACHADO DE ASSIS FOSSE AUTOBIOGRÁFICO? Neste romance, uma outra face de Machado de Assis é apresentada e convidamos os leitores a conhecerem a versão de seu adversário mais desgraçado.

TUDO QUE ACONTECE AQUI DENTRO
Uma seleção de crônicas sobre o amor em seus diversos estágios, sobre aprender com as experiências da vida... trata-se de um tipo de testamento das coisas do coração.

O AMOR NAS 4 ESTAÇÕES
Um convite para viver, em profundidade, as nossas próprias estações. "Quando a felicidade diz que não há nada que você poderia fazer a não ser ir, o coração já pulou. Os grandes momentos das nossas vidas partem de mergulhos corajosos."

ASSINE NOSSA NEWSLETTER E RECEBA INFORMAÇÕES DE TODOS OS LANÇAMENTOS

www.faroeditorial.com.br

CAMPANHA

Há um grande número de portadores do vírus HIV e de hepatite que não se trata. Gratuito e sigiloso, fazer o teste de HIV e hepatite é mais rápido do que ler um livro.

FAÇA O TESTE. NÃO FIQUE NA DÚVIDA!

ESTA OBRA FOI IMPRESSA PELA GRÁFICA LC MOYSES EM SETEMBRO DE 2019